專門為小學生精選的中國文學經典讀本

臺北縣國民教育國語文輔導團
吳淑芳、吳惠花、忻詩婷◎編著
黃亦平、鄭光循◎漫畫

推薦序一

紮實的本國語文基礎能力，可以厚實學生的背景知識；精采且多元的想像力，可以激發孩子無限的創造力。閱讀可以豐富孩子的視野，透過大量閱讀中外經典之作，不僅可以培養學生對中國文學的興趣，也藉由閱讀世界名著來拓展孩子的國際視野。

臺北縣教育遠景為「活力北縣、創意無限」，提升學生本國語文能力一直是本縣教育的重要政策。目前本縣教育局統整出現行國語文推動十大重點方向，包括增加國語文領域節數、重視作文教學、國中基測及寫作測驗宣導研習、國語文能力檢測、多元創意作品發表、推動學校共讀、成立國教輔導團、辦理教師研習、設置教學資源網及建立人力資源檔案等；並考慮設立臺北縣中小學學生文學獎，積極鼓勵學生寫作與創作。

透過閱讀的過程，可以啟動學童許多能力的學習與整合；不同領域的能力養成亦須透過閱讀。西元二〇〇〇年國際學生評量計畫PISA（Program for International Student Assessment）中，以紙筆測驗檢測學生的閱讀、數學與科學等能力，其中閱讀能力之檢測包括「擷取資訊」、「解讀資訊」與「思考和判斷能力」三個層面。臺北縣國民教育國語文輔導團有鑑於此，在聯經出版公司的邀約之下，精心蒐集中國與西洋文學經典之作加以改寫成《專門加強小學生品格的閱讀選文》、《專門為小學生精選的西洋文學經典讀本》、《專門為小學生精選的中國文學經典讀本》計三本書。書中結合閱讀與寫作教學設計，讓學童可以透過自行閱讀，找到問題的答案或加以批判思考及運用，不僅掌握了閱讀該篇文章的旨趣，並延伸寫作練習，相信對提升學童語文程度必有所助益。品格教育亦是本縣積極推動之教育重點，透過閱讀選文，學習主角的智慧與品格，以「知己知彼」幫助學童反思自己的行為，以「隆中對策」協助學童做價值判斷與思考；不以說教方式，而是透過閱讀來做自我判斷並從中學習做人處世之道。

此三本書所選編的故事不僅適用性廣、趣味性高，又含豐富哲理。三本書的創作與出版，不僅是輔導團員的智慧結晶，更是團員工作之餘對教育的另一貢獻。個人相信喜愛閱讀的孩子不會變壞，積極推動閱讀活動，提升閱讀風氣，期盼此三本書陸續的出版，能提升學童語文程度，形塑學生良好品格。更希望老師和家長們共同協助我們的孩子走入閱讀的王國，享受閱讀的樂趣，讓書香滿校園、和樂滿社會。

臺北縣政府教育局局長 劉文通

推薦序二

閱讀快樂，快樂閱讀

所謂「貧者因書而富，富者因書而貴。」書籍是我們最好的朋友，也是我們最好的顧問。尤其對思想正處於發展階段的小學生來說，優質的閱讀內容與良好的閱讀習慣，更是充實見聞及健全人格的重要關鍵。

古人說：「富家不用買良田，書中自有千鍾粟；安居不用架高樓，書中自有黃金屋。」讀書的有形價值固然難以估算，但是無形的成就更是我們聚焦的目光。法蘭西斯・培根曾說：「知識就是力量。」在這個知識主導一切的新世紀，我們更無法忽略閱讀所能帶來的改變與影響。

但是近年來由於資訊傳播的發達，以及視訊媒體的氾濫，導致學童語文能力急遽下降，不僅寫作辭不達意，表達錯誤百出，閱讀的內容也嚴重缺乏深度與廣度。詳究其根源，不論是聽、說、寫、作的能力，其最重要的根本就是閱讀，沒有源源不絕的活水，各項的表現也難有突破的進展。因此要求寫作能力的精進，則閱讀的精深當是首要的訴求。

閱讀不僅僅是興趣的培養，也寓含有開拓視野與傳承文化的積極作用，因此不論是中國或西方的經典都不宜偏廢。此外，閱讀也具有修養品格、導引人性的功能。所以「開卷有益」固然是我們努力的目標，但是如何以有限的時間達成最大的效益，同樣是需要你我深思的課題。

《專門為小學生精選的中國文學經典讀本》、《專門為小學生精選的西洋文學經典讀本》與《專門加強小學生品格的閱讀選文》系列套書，同樣具有「以簡御繁」的效率，這不僅是針對小學生閱讀的一盞明燈，相信對任何有興趣的大朋友來說，這也將是一套具有吸引力的讀物。寄望你我美好的未來生活，也許就讓我們先從享受閱讀的快樂開始吧！

國立臺北教育大學語文與創作學系教授兼主任
林于弘

作者序

在中國的數千年歷史中，有許多人根據他的生活經驗與知識，來分析事情、評價事件。或者利用口說，或者利用文字，又或是將口說記錄下來。這些作品有很多形式，像是一篇文章、一段語錄或是一本書。但是其中有一種形式，不論大人小孩都很喜歡，而且也可以用來說明道理、分析事情，那就是故事。說理的故事就是寓言，比較長的故事就變成了小說。

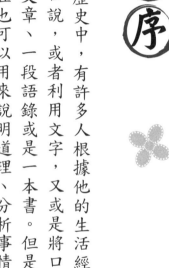

兒童天生就喜歡聽故事，等到他可以自己閱讀時，他也喜歡看故事，換句話說，故事對兒童而言，有著無限的吸引力。一般人的閱讀可以分為文字型與圖像型兩種，文字型的人在思考、閱讀時都是以文字為媒介在處理，圖像型的人在思考、閱讀時則是將整體語境轉化為圖像來處理、儲存。所以，在閱讀上，文字型的人較易接受純文字的書籍，圖像型的人則是比較喜歡漫畫、圖文書，也就是圖比較多或搶眼的書籍。不過，有一種書籍是可以同時吸引這兩類人的目光，那就是故事。因為文字型的人可以從故事中的反覆劇情和對話中獲得滿足，圖像型的人閱讀故事時會一邊閱讀一邊想像故事畫面，進而獲得愉悅的經驗。

正因為故事的適用性廣、趣味性高，又富含哲理，所以，我們為中年級小朋友選取了一些故事，有的是成語故事，有的是中國經典章回小說的節錄，還有的是歷史故事。每個故事都在傳達不同的道理，每個故事有趣的地方都不同。另外還準備了和故事配合的漫畫，以便增進圖像型兒童的理解，也準備了一些問題幫助小朋友自行理解故事中的道理（知己知彼）。老師或父母親可以和孩子一起讀，一些比較難的問題（隆中對策）可以和孩子一起討論，或是等孩子升上高年級後，再自行閱讀這些問題，並配合有基礎寫作練習（妙筆生花）。希望孩子除了能夠讀之外，還能讀懂，讀懂後還能正確地利用。

至於本書為何是以中年級孩子為標的來選文呢？因為中年級小朋友已經具備了一定的語文基礎，可以自己進行閱讀的工作了。其次是因為三年級的小朋友即將進入大腦第三次修剪期，此時若是能以閱讀拓展生活經驗，豐富自身的背景知識，大腦的使用量將會增加，對於兒童在課業上的學習與身心發展有極大的影響。

這本書創作的目的在於希望能夠給兒童一個美好愉悅的閱讀經驗，希望在讀得快樂之餘，也能夠學會知識和道理，豐富自己的知識內涵。在此基礎之上，希望孩子不要對閱讀卻步，不要對學習灰心，這樣日後才能涵養出足夠的能力，在國際的競爭中，贏得自己的一席之地。

臺北縣國民教育國語文輔導團團員

忻詩婷

目次

種瓜得瓜

取材自《戰國策》

請聽我說

小朋友，自然課都有種過植物吧！還記得當初種豆子的事情嗎？種豆子時，不能種太深也不能種太淺，水不能澆太多也不能澆太少，陽光不能照太多，也不能照太少，澆水只能早上澆、傍晚澆，太陽太大不能澆水。等到豆子長大了，要準備開始立支架，不然豆子沒有依靠的地方，就會軟趴趴的倒下去，容易死掉了；支架還要隨著豆子的長高加高。辛苦了幾個月，豆子開花了，就開始希望有蝴蝶或蜜蜂來幫忙，不然就沒有辦法結果。從種下豆子到可以結果的過程，要每天細心照顧，從不間斷。請你看一看下面的故事，想一想，田需為什麼會用種豆子這件事來回答他的上司管燕呢？

故事內容

在一千多年前的春秋戰國時代，齊國的臣子管燕因為貪污太多，讓齊王很生氣，決定斬首示眾。管燕知道了，就急忙衝回家，打算收拾東西召喚人手跑到別國去。他問部下：「有沒有人願意跟我一同逃到別的國家去？」所有人你看我，我看你，都沒有回答。管燕忍不住一邊嘆氣一邊哭了起來，說：「唉！沒想到找到一群人來當部下很容易，但是要部下對我忠心卻這麼難！」

當他還在嘆氣的時候，其中一位名叫田需的部下走上前說：「大人，你知道在田裡撒下瓜的種子就一定會長出瓜，種下豆的種子就一定會結豆莢。大人平時餐餐都吃山珍海味，卻讓我們每餐只有一碗飯、一碟菜可以吃。你的妻妾身上穿的都是絲綢做的衣服，卻讓我們連一件布衣都買不起。大人如果想要我們為你效命，就應該對我們好一點，但是大人卻沒有做到。

現在卻要求我們為大人獻上寶貴的生命，你覺得有可能嗎？」

錦囊妙計

知己知彼

一、為什麼管燕會說：「沒想到找到一群人來當部下很容易，但是要部下對我忠心卻這麼難！」？

二、你覺得管燕為什麼想要帶部下走？

三、如果你是管燕的部下，你會不會跟他走？為什麼？

隆中對策

一、請你想一想，管燕平常對待部下好不好？田需用哪些項目來說明？請你先找出來，並且用表格整理。

二、想一想，台語俗諺「種瓠仔生菜瓜」和種瓜得瓜的意思一不一樣？

畫中有話

妙筆生花

照樣造句

◎例句：找到一群人來當部下很容易，但是要部下對我忠心卻這麼難！

1. 找（　　　）容易，但要（　　　）對我（　　　）很難！

2. 找（　　　）（　　　），但要（　　　）很難！

善解疙瘩

取材自《列子》

請聽我説

疙瘩，指的是一種突起物。若是放在繩子上，就是指繩子上的突起，一種是繩子製做不良或是使用已久，整根繩子變得凹凸不平，有些地方還快斷了；一種是繩子上的結。在下面的文章裡所出現的疙瘩就是指繩結。繩結可以很簡單，也可以很複雜。簡單的就像我們綁鞋帶的結、綁緞帶的結，複雜的就像中國結，一個成品是由一個有順序的穿法所打成的結。但是不管是簡單的結還是複雜的結，若是不按照方法亂打一通，最後都會變成死結，解不開來。故事中的魯國人，自己想了很複雜的方法打了兩個結，送到宋國國君那兒，希望能夠找到解開結的人。請你看一看故事，想一想，他為什麼要這麼做呢？

故事內容

在春秋時代，有個魯國人託大臣送給宋元君兩個用繩子結成的疙瘩，並且希望宋元君幫他找到能解開的人。

於是，宋元君向全國下令說：「凡是聰明的人、有技巧的人，都來解這兩個疙瘩。解開的重重有賞！」

許多有才能的工匠和腦筋靈活的人紛紛進宮去解這兩個疙瘩，可是卻沒有一個人能夠解開。他們只好搖搖頭，無可奈何的離去。

另一個國家裡有一個名叫倪說的人，學識豐富、智慧非凡。他所教出的弟子，個個都很有智謀和才能。解疙瘩的事傳到倪說那兒，他其中一位弟子便請求前往，倪說點頭同意。

這位弟子趕往宋國，宋元君見到又有挑戰者，十分高興，便叫部下趕快拿出繩疙瘩讓他解。只見他看了看兩個疙瘩，便拿起其中一個，雙手飛快的翻動，就將疙瘩解開了。周圍觀看的人都鼓掌歡呼，宋元君也十分欣賞他的能幹聰明。

可是第二個疙瘩還擺在桌上，宋元君要求他繼續解第二個疙瘩。可是他卻十分肯定的說：「不是我不能解開這個疙瘩，而是這疙瘩本來就是一個解不開的死結。」

宋元君半信半疑，於是找來了那個魯國人，把倪說弟子的答案說給他聽。那個魯國人聽了，十分驚訝的說：「厲害！他說的是真的！擺在桌上的這個疙瘩是個死結，這只有我知道。倪說的弟子沒有親眼看見我編製這個疙瘩，卻能看出它是個無法解開的死結，說明他的智慧是遠遠超過我的。」

宋元君此時才恍然大悟，知道倪說的弟子沒有說謊，便派人將賞賜送給他。

錦囊妙計

知己知彼

一、小朋友，請你查一查字典，看看「疙瘩」是什麼意思？

二、你覺得為什麼很多工匠和聰明人都解不開疙瘩？

三、你覺得為什麼魯國人會說倪說的弟子比他有智慧？

隆中對策

一、想一想，這個魯國人為什麼要送來兩個疙瘩，卻讓其中一個解不開呢？

二、倪說的弟子為什麼光用看的就發現那是大家都沒發現的死結？他是憑什麼下判斷？

三、這位魯國人送疙瘩給國君的目的是什麼？

畫中有話

我有一絕招～可以解開天下所有的結喔！
！
真的嗎？可以秀給我們看嗎？
沒問題，看清楚囉！
那是我千辛萬苦搭起來的耶！

妙筆生花

照樣造句

◎例句：倪說的弟子沒有親眼見我編製這個疙瘩，卻能看出它是個無法解開的死結，說明他的智慧是遠遠超過我的。

（　　　　　　）沒有（　　　　　　），卻能（　　　　　　），說明

（　　　　）是遠遠超過我的。

◎例句：凡是聰明的人、有技巧的人，都來解這兩個疙瘩，解開的重重有賞！

凡是（　　　）的人、有（　　　）的人，都來（　　　　），

（　　　）的（　　　）！

瞎子的祕方

取材自中國寓言故事

請聽我說

古時候的琴，是以一塊木頭為底，將木頭雕成弓形，上面安裝動物的毛搓成的線，稱為弦。每根弦的長度都不一樣，可以發出高低不同的聲音，另外用指尖撥、挑、按、撚都會產生不同的聲音。這些聲音經過調整，排出音高，就可以組成樂曲。音樂可以帶動人的情緒，不同的音高組合給人的感受也不同，有快樂的、悲傷的，有溫柔的、雄壯的。有些樂曲還配上詞，變成可以唱的歌。但是，並不是人人都會演奏樂器，要演奏得好，必須經過很多的練習才能做到。所以大部分的人就轉向欣賞音樂，會演奏樂器的人也可以藉此賺錢。這篇寓言故事中的兩位瞎子就是這樣賺錢生活的，他們並不是有名的演奏家，所賺的錢只夠生活，老瞎子為何要給小瞎子一個祕方呢？祕方會帶給小瞎子什麼樣的改變？

故事內容

從前，有一老一小兩個相依為命的瞎子，每天就靠彈琴賣藝維持生活。有一天老瞎子病倒了，吃了藥也不見好轉，只怕自己沒有辦法再照顧小瞎子了。便把小瞎子叫到床頭，緊緊拉著小瞎子的手說：「孩子，我這裡有個別人傳給我的祕方可以讓你重見光明。我把它藏在琴裡面了，你千萬記住，必須在彈斷第一千根琴弦的時候才能把它取出來，否則就沒有用。」小瞎子流著眼淚答應了老瞎子。過了幾天，老瞎子就死了。

日子一天天的過去，小瞎子不停的彈啊彈，將一根根彈斷的琴弦收藏起來。當他彈斷第一千根琴弦的時候，已經變成一位老人了。他按捺不住內心的喜悅，雙手顫抖著，慢慢的打開琴下方的蓋子，取出祕方。他拿起一張薄薄的紙，央求鄰居告訴他紙上寫了什麼？鄰居告訴他那是一張白紙，上面什麼都沒有。他聽到後，淚水一滴一滴落在紙上，接著他卻笑了。

錦囊妙計

知己知彼

一、為什麼小瞎子知道祕方後，淚水一滴一滴落在紙上，接著他卻笑了？

二、你認為老瞎子為什麼要給小瞎子這個祕方？

三、請問你覺得老瞎子死了以後，小瞎子是如何過日子呢？

隆中對策

一、「重見光明」這四個字對瞎子來說是多大的誘惑，你能了解嗎？想一想，有什麼東西對你的誘惑也是這麼強烈？

二、這祕方寫的究竟是什麼？從故事中哪裡可以找到答案？

我已經不行了！我把祕笈傳授給你，
但你一定要記住……
是，我知道了。
你得先彈斷一千根弦，才能打開來，否則……就前功盡棄了。
快追！祕笈在他身上！
感謝大俠及時相救。
小事一樁，不足掛齒～
好好練吧！
於是，他苦練了五十年後……
終於成了武林高手！
哈哈

妙筆生花

照樣造句

◎例句：當他彈斷第一千根琴弦的時候，已經變成一位老人。

當（　　　　　　　）的時候，已經變成（　　　　　　　）。

◎例句：他聽到鄰居告訴他那是一張白紙後，淚水一滴一滴落在紙上，接著他卻笑了。

他（　　　　）到（　　　　　　）後，（　　　　　　），

接著卻（　　　　　　　）。

士別三日

取材自《三國志》

請聽我說

古時候，能夠去讀書的人，都是家裡環境相當不錯的富足人家，一般民眾的小孩，從小就得幫忙做事，貧苦人家的小孩更是從小就得幫忙賺錢。呂蒙就是出生在這種家庭，所以他不認識字也不奇怪。只是憑著一股熱忱，想出人頭地，他就到軍隊裡當個小兵，憑著力氣和運氣，殺了幾個敵人，就升為小隊長。但是呂蒙依舊是鄉下的那個呂蒙，沒見過世面，也沒有知識。魯肅本來聽說有個人建了功勞，想看看他的才能，卻沒想到只是個草包。魯肅當然失望，知道魯肅評價的呂蒙，會有什麼反應呢？

故事內容

三國時代東吳的呂蒙，可說是一個博學多才的人，周瑜死後，換他擔任東吳的都督，利用計謀打敗了蜀漢的關羽。在部將潘璋殺死關羽後，不久他就去世了。下面說的是他年輕時的故事。

呂蒙本來是一個沒有什麼學識的人。魯肅見了他，覺得他只是個鄉下小子（吳國鄉下地方來的小子阿蒙）什麼也不懂。這話傳了出去，被呂蒙聽見了。他心想，我怎麼可以被人看不起呢？於是就開始利用晚上的時間讀書。雖然白天在軍隊中練習得很累，呂蒙還是每天要求自己要看兩小時以上的書。一邊看，還一邊做筆記，看不懂的，就虛心請教別人。

過了好幾年，魯肅再遇見他時，看見他和從前完全不同，變得很有自信。和他談論軍事問題，有條有理，有計有策。魯肅覺得很驚訝，便笑著對呂蒙說：「現在，你的學識這麼好，既英勇，又有智謀，再也不是吳下的阿蒙了。」

呂蒙高興的回答：「人在分別了一段時間之後，總是會有成長，讓人另眼相看呀！」

錦囊妙計

知己知彼

一、「阿蒙」，這兩個字在三國時代是什麼意思？從文中哪裡可以知道？

二、故事中用簡單的話語描述了「士別三日，刮目相看」和「吳下阿蒙」這些成語的意思，找找看，在哪裡？

三、呂蒙從不認識幾個字的人，變成很有學問的人，請問他是用什麼方法？你有沒有和他一樣呢？

隆中對策

一、請從「我怎麼可以被人看不起呢？」、「一邊看，還一邊做筆記，看不懂的，就虛心請教別人。」來看呂蒙的個性。

二、請問呂蒙之所以會成為一代名將的原因。

畫中有話

呂蒙和魯肅聊天……
呂蒙只是個鄉下小子，沒什麼學問。
我要努力！讓人耳目一新！
一陣子沒看到你，真令人刮目相看啊！
先發制人
從中得利

妙筆生花

請利用成語造句

◎士別三日，刮目相看：

◎吳下阿蒙：

亡羊補牢

取材自《戰國策》

請聽我說

羊，很早就被我們的祖先發現，祖先發現羊的毛可以紡成線、織成衣，可以保暖；羊的皮可以做帶子、袋子、套子、靴子、衣褲；羊的肉可以吃，吃了可以增加力氣；羊的角磨過可以當作武器，羊的胃可以當作水囊；母羊還有羊奶可以供人們喝。一隻羊，從頭到腳都是寶貝，所以祖先便抓了野羊，養了起來，為了怕羊逃跑，也為了怕和其他人的羊搞混，就會製作羊圈，稱為牢。平常將羊關在羊圈裡面，羊出去吃草時一定要有個人帶，以免羊跑不見了，那損失多大呀！在了解羊的重要後，看一看下面的故事，再想一想這個故事和養羊的關係。

故事內容

這故事出自《戰國策》。戰國時代，楚國有一個大臣，名叫莊辛，有一天他對楚襄王說：「你在宮裡，左邊是州侯，右邊是夏侯；出去的時候，鄢陵君和壽剄君又總是跟隨著你。你和這四個人總是在一起吃喝玩樂亂花錢，不管國家大事，郢（楚都，在今湖北省江陵縣北）已經陷入危機了！」

襄王聽了，很不高興的罵說：「你老糊塗了嗎？故意說這種話來擾亂人心嗎？」

莊辛不慌不忙的回答說：「我確定國家已經有危險了，並不是危言聳聽。如果大王您還是繼續跟這些人一同玩樂，不理國政，楚國一定會滅亡。如果大王不相信我，請允許我到趙國去，看我說的事會不會發生。」

莊辛到趙國才住了五個月，秦國果然派兵攻打楚國，襄王被迫逃亡到陽城（今河南息縣西北）。這時他才知道莊辛果然沒有騙人，趕緊派人把莊辛找回來，問他有什麼辦法可以復國。

莊辛見到襄王已經後悔，便向襄王說：「看見兔子從面前跑過去才想起自己的獵犬，還算不晚；羊跑掉了才去修補羊圈的缺口，也還不遲。只要大王能夠改過自新，不再和那些酒肉朋友往來，專心國政，楚國就會再興盛起來的。」

襄王聽了，下定決心不再玩樂，並遵從莊辛的建議，之後楚國果然又再度興盛起來了。

錦囊妙計

知己知彼

一、你覺得楚襄王之前為什麼不相信莊辛的話？

二、為什麼楚襄王和州侯、夏侯、鄢陵君和壽司君四個人一起就會讓國家陷入危機？

三、莊辛為什麼要跑到趙國去住？

隆中對策

一、你覺得楚襄王是個什麼樣的君王？

二、莊辛對楚襄王講故事的用意是什麼？兔子、羊；獵犬、羊圈；獵人、牧羊人各代表什麼？

畫中有話

妙筆生花

請問如果你是楚襄王，你的國家已經被人佔領，你要怎麼做才能讓國家強大、收復失土。請寫出最重要的五點工作。

1.

5.

4.

3.

2.

一曝十寒

取材自《孟子》

請聽我說

戰國時代，有的人為了求官位，有的人則是為了國家前途，都會針對國君或大臣的施政提出勸告，希望能夠改變他們的想法。若是真的照他的建議去做而成功，那人就會獲得賞賜。但如果國君或大臣並不接受意見，或是那個人在談話過程中講錯話，惹他們生氣，輕則被趕出去，不准他再進來，重則打入大牢，斬首示眾。所以成功的人一定有他的辦法，他們通常是用故事來說道理。在《孟子》的〈告子〉上篇中有這樣一個故事。

故事內容

孟子被齊王請去，希望能為他提供建議。孟子在齊國待了一段時間。他對齊王提出很多建議，但是齊王卻都不聽，加上他做事沒毅力和原則，喜歡聽別人講好話，不管內容是真是假，更不喜歡被批評。

孟子對於齊王這種態度十分不滿，有一天不客氣的對齊王說：「大王也太不明智了！天下雖有生命力很強的生物，可是你把牠放在陽光下曬了一天，之後卻放在陰寒的地方凍了牠十天，那裡還活得成呢！我跟大王在一起的時間很短，即使我開導大王成功，可是我一離開，那些奸臣又來哄騙大王，而大王就忘了當初的勸告，這樣叫我怎麼向大王提出建議呢？」

齊王被孟子一講，呆了呆。孟子問齊王說：「大王喜歡下棋吧！」齊王點頭。

孟子說：「下棋看起來是件很簡單的事，但是如果你不專心努力，也同樣學不好，下不贏。奕秋是全國最擅長下棋的人，他教了兩個徒弟，其中一個專心努力，認真聽奕秋的指導，每天都努力練習；另一個卻老是想著天上會有大天鵝飛來，到時候就可以用箭射下牠，下棋時都不專心，練習也用混的。兩個徒弟是同一個師傅教的、同一個時間學的，然而兩個人的成就卻差得很遠。這不是他們的智力有什麼區別，而是專心的程度不一樣啊！」

錦囊妙計

知己知彼

一、請找出故事中有關齊王個性的描寫。

二、請問你覺得孟子為什麼會對齊王生氣？

三、你覺得孟子對齊王講這兩個故事的目的是什麼？你覺得齊王聽得懂嗎？

四、在孟子講的第二個故事中，你是屬於哪一種學生呢？

隆中對策

一、請問齊王聽孟子講話聽到呆住了，到底是聽懂了沒有？為什麼？

二、「一曝十寒」的意思是什麼？

三、下棋的例子要傳達的主題是什麼？

畫中有話

那個人真是勤勞啊！
是啊，網子洞那麼多，不好補呀！
網子一個月沒用，都被可惡的老鼠咬破了！
！
原來如此
別偷懶！
趕快補，今天再不去捕魚就沒東西吃啦！

妙筆生花

照樣造句

◎例句：齊王喜歡聽別人講好話，不喜歡被批評。

（　　　）喜歡（　　　　　　　　），不喜歡（　　　　　　　　　　）。

◎例句：即使我開導大王成功，可是我一離開，那些奸臣又來哄騙大王，而大王就忘了當初的勸告。

即使（　　　　　　　　　　　　），可是（　　　　　　　　　　　），而（　　　　　　　　）

就忘了（　　　　　　　　　　　）。

愚人買鞋

取材自《列子》

請聽我說

小朋友，請問你所穿的鞋子是怎麼買回來的？買回來的鞋子大小是不是剛剛好？現在我們買鞋子都會說我要穿幾號鞋，可是古代並沒有這種方法，所以他們買鞋要合腳，得用什麼方法呢？哪一種方法買的鞋子一定會大小剛剛好呢？這些問題，請你在下面這個故事中找答案吧！

故事內容

好久好久以前，有個住在鄉下的人，因為鞋子前面破了一個大洞，所以想買雙新鞋子來穿。為了避免到時候買的鞋子不合腳，他就先找了兩張紙，放在地上，再將雙腳放上去，仔細的用木炭描出腳的樣子。

第二天早上，他一大早就起床，走了三個多小時到市集。在市集中，他找呀找，找到賣鞋的，又在一堆鞋中找呀找，找到一雙他十分喜歡的鞋子。這時，他想到了，該拿出昨天畫的腳的大小來比一比，看看能不能穿才對。可是在身上摸了半天，才發現居然沒帶出門。

於是他對賣鞋的老闆說：「我把畫好腳形的紙忘在家裡，我現在就回去拿，那雙鞋先幫我留起來，不要賣給別人。」說完，他立即衝回家拿昨天畫好的紙。等他衝回市集時，卻發現市集已經結束了。

隔天，他在路上遇到朋友，朋友問他：「你昨天不是說要去買鞋嗎？怎麼還穿舊鞋？」

他就將事情說了一遍。朋友覺得很奇怪，就問他：「你當時為什麼不試穿看看呢？」

他回答說：「因為紙上畫的大小比較準嘛。」

錦囊妙計

知己知彼

一、請你將文章中有關時間的詞用色筆圈起來，看看這個故事中總共用了多少時間的詞。

二、你覺得這個人為什麼相信自己畫的尺寸，卻不相信自己的腳？

三、小朋友，請你想一想，自己做什麼事的時候會像這個人一樣？

隆中對策

一、題目叫「愚人買鞋」，你覺得「愚」在哪裡？

二、是尺寸為根本，還是腳為根本？在生活中，哪些時候會發生這種本末倒置的情形？要如何解決？

三、如果一個人只是模仿，卻不懂得思考，會發生什麼事？

畫中有話

妙筆生花

照樣造句

◎例句：在市集中，他找呀找，找到賣鞋的，又在一堆鞋中找呀找，找到一雙他十分喜歡的鞋子。

在（　　　　　　），他找呀找，找到（　　　　　　），又在（　　　　　　）中找呀找，找到（　　　　　　）。

請將例句縮短（　　　　　　　　　　　　　　　　　　　　　　　　　　　　　　　　　　　　）。

泥偶與木偶

取材自《戰國策》

請聽我說

小朋友你有沒有看過神像，不管是哪一個宗教的都可以哦。你有沒有仔細看看，神像都是什麼材料做的呢？比較大的神像，以前的人是用一整塊大石頭來雕，或是直接雕刻在山壁上；現代人則是利用水泥塑模來做。比較小的神像，有木刻的、石刻的、泥塑的、陶燒的，有的還會在上面加上顏色。下面故事中的主角就是兩尊小神像，但是所使用的材料不同。請你看看他們倆在說什麼吧！

故事內容

山東省境內的淄水河畔，有一間小廟。廟裡有兩尊神像，一個是泥塑的，一個是木雕的。某一年，天旱無雨，來小廟裡祭拜的民眾特別多。木偶覺得來拜拜的人很偏心，因為祭拜泥偶的人比較多。日子久了，木偶的心裡很不平衡。

有一天，木偶帶著嘲笑的口吻對泥偶說：「你呀！原本是淄水西岸的泥土，工匠用泥土捏成了你。別看你現在有模有樣，神氣十足，等八月一到，大雨傾盆而下，淄水水位上漲，我們這間小廟就會被水沖垮，你就會被水泡成一堆稀泥了。」

泥偶聽到木偶的話，並不在意。他說：「謝謝您的關心。不過，事情並不像你所說的那樣可怕。既然我是用淄水西岸的泥土捏成的泥人，即使被水泡成了一堆稀泥，也只是回歸淄水西岸罷了。不過你倒是要仔細的想一想。你本來是東方的一塊桃木，後來被雕成了人樣，一旦到了八月，大雨傾盆而下，引起淄水上漲，滾滾的河水就會把你沖走。那時，你只能隨波逐流，不知會漂泊到什麼地方。你呀！還是為自己的命運多傷腦筋吧！」

錦囊妙計

知己知彼

一、小朋友請你將泥偶與木偶講的話做一番整理，看看淹水對他們的影響。

二、請問你覺得木偶對泥偶的心態是尊敬他，還是看不起他？為什麼？

三、請問你有沒有像木偶一樣嫉妒過，還是像泥偶一樣被嫉妒呢？碰到這種情況，你是怎麼處理的？

隆中對策

一、詛咒他人這種事情對嗎？我們要怎麼樣才能羨慕和欣賞他人、而非嫉妒他人？

二、如果你是神，你聽到了泥偶與木偶的對話，你想對他們說什麼，才能化解木偶的心結？

畫中有話

妙筆生花

到了八月，真的下了大雨，淄水也暴漲了。請寫下泥偶與木偶的結局。

五十步笑百步

取材自《孟子》

請聽我說

前面說過孟子的故事了，這篇是有關孟子的另外一個故事。戰爭是一件很殘酷的事，兩方人馬用武器互相攻擊，人隨時會受傷、死亡。住在戰區的人得流浪到其他地方，不然就有可能被殺死。參戰國家的國民也很辛苦，因為國家要有經費買武器，要有人當軍人去打仗。一顆飛彈可能要幾萬元，一天可能就射了好幾顆。子彈一顆只要幾塊錢，但是一天可能會用掉上千顆；這還不包括軍人的食衣住行所要花的錢，還有汽油的消耗。想想一場戰爭至少花費好幾億以上的錢，現代如此，古代也是一樣。請你看故事，想一想孟子這樣說的原因吧！

故事內容

戰國時代中期有個國君叫梁惠王，他一生都在想盡辦法擴大國土，但是，要擴大國土就必須侵略其他國家，就要打仗。打仗需要大量的金錢，所以他又想了很多辦法來聚斂財富，打仗還需要士兵，所以他就強迫國內十五歲以上的男生一定要去當兵，不然就是違法。

孟子遊歷天下的時候，因為聽到梁惠王的事蹟，就決定要去改變他的想法。梁惠王很客氣的接待孟子，奉他為上賓。有一天，他問孟子：「我對自己的國家應該算是盡心盡力了吧！水災時，我將災民遷往別處居住，旱災時，打開糧倉救濟災民。看看鄰國的君王並沒有像我這樣做，可是，鄰國的百姓並沒有大量逃跑，我國的百姓也沒有明顯的增加，這是什麼道理呢？」

孟子回答說：「大王喜歡打仗，我就拿打仗作比方吧。戰場上，戰鼓一響，雙方的士兵就刀對刀、槍對槍廝殺起來。打敗的一方，丟了頭盔，卸下戰甲，拖著刀槍，趕緊逃命。其中有一位士兵一口氣跑了一百步，另一個士兵只跑了五十步。這時候，如果跑了五十步的那位士兵嘲笑跑了一百步的那位士兵膽小怕死，大王您覺得他對不對呢？」

梁惠王說：「當然不對。他只不過沒有跑到一百步罷了，但同樣也是逃跑啊！」

孟子說：「大王既然懂得這個道理，又怎麼能夠希望你的百姓會比鄰國的多呢？」

錦囊妙計

知己知彼

一、請整理出梁惠王在國內所做的事。

二、請問如果你是梁國人，你覺得這個國君如何？你會不會想搬走？

三、請問你覺得孟子故事中的士兵所做的事好不好笑？為什麼？你有沒有看過或做過類似的事情？

隆中對策

一、請你想一想，你有沒有當過跑五十步的士兵，這樣算不算犯錯？你有沒有當過跑一百步的士兵？你有沒有認錯？對於跑五十步士兵的譏笑，你心裡有什麼感覺？

二、請你想一想，梁惠王為了打仗，做了很多讓人生活不舒服的事，就算在天災時有救助百姓，這樣可以改變百姓的想法嗎？這樣的做法值得學習嗎？

畫中有話

妙筆生花

請將例句加長

◎例句：打敗的一方，丟了頭盔，卸下戰甲，拖著刀槍，趕緊逃命。

打敗的（　　　　　　　　），（　　　　　　　　　　　　），趕緊逃命。

請將例句縮短

◎例句：要擴大國土就必須侵略其他國家，就要打仗。打仗需要大量的金錢，所以他又想了很多辦法來聚斂財富，打仗還需要士兵，所以他就強迫國內十五歲以上的男生一定要去當兵，不然就是違法。

要擴大國土就要（　　　　　　　　），要打仗就需要有（　　　　　　　　）。

楊布打狗

取材自《列子》

請聽我說

小朋友，你家裡有沒有養狗？如果沒有，有沒有去過養狗的人家裡呢？你和狗的關係好不好？狗，是人類最忠實的朋友。在遠古時代，人們發現了幾種小型犬科動物，並試圖加以馴養，之後狗就在人身邊生活。守衛家門是狗最常做的事，而人也常因為特殊需求而改良狗的品種；像是打獵用的獵犬、搜尋打到獵物的尋獵犬、幫忙牧羊的牧羊犬、當寵物疼愛的寵物犬等。現在狗甚至在上班，包含警犬、搜救犬、看護犬等。還有人利用狗的嗅覺，訓練狗聞出某些特定腫瘤的氣味。狗跟人的關係未來還會持續下去。現在，看看楊家的狗故事吧！

故事內容

從前，在一個小山村，住著一戶姓楊的人家。這戶人家有兩個兒子，大兒子叫楊朱，小兒子叫楊布，兩兄弟一邊在家幫父母耕地、擔水，一邊勤讀詩書。這兄弟兩人都寫得一手好字，也和一些讀書人成為好朋友。

有一天，弟弟楊布穿著一身白色乾淨的衣服興致勃勃的出門訪友。在快到朋友家的路上，不料突然下起雨來。雨越下越大，楊布正走在山間小路上，也沒地方可以躲雨，只好頂著大雨硬衝，淋成落湯雞跑到了朋友家。朋友見到楊布全身都溼透了，便趕快要他脫下外衣，還為他燒了熱水，要他先泡一泡，免得感冒，順便幫楊布把衣服洗好晾起來，楊布洗完澡後穿上了朋友的一件黑色外衣。朋友的妻子早已準備好飯菜，兩人就一邊吃飯一邊談論詩詞、評議字畫。他們越講越開心，天快黑下來了還不知道。等到朋友的妻子來問楊布要不要吃晚飯時才發現天色已晚。楊布準備要回家了，但是外衣還沒乾，就先把外衣晾在朋友家裡，而自己就穿著朋友的黑色衣服回家。

雨後的山間小路雖然是濕的，但由於路面上鋪了很多小石子，沒有淤積的爛泥。天色漸漸暗下來了，彎彎曲曲的山路還是看得夠清楚。晚風輕輕吹著，從山間送來一陣陣新枝嫩葉的清香。要不是天越來越黑，怕看不到路，楊布還真想就這樣散步一陣子呢！他走著、走著，不知不覺已經走到家門口了。

這時，楊布家的狗卻不知道是主人回來了，從家門口猛衝出來對他汪汪叫。又突然後腿站起、前腿向上，似乎要朝楊布撲過來。楊布被自家狗的狂吠聲和快要撲過來的動作嚇了一跳，十分生氣，他馬上對狗大吼：「你這笨狗瞎了眼，連我都不認識了！」順手在門邊拿起一根木棒就要打下去。這時，哥哥楊朱聽到了聲音，立刻從屋裡出來，一邊阻止楊布用木棒打狗，一邊叫正在狂叫的狗到旁邊去。並且說：「你不要打牠啊！應該想想看，你白天穿著一身白色衣服出去，這麼晚了，又換了一身黑色衣服回家，若是你自己，一下子能分得清嗎？這能怪狗嗎？」

楊布放下木棒，冷靜的思考了一會兒，覺得哥哥楊朱講得很有道理。狗這時也認出了主人，蹲到一旁不再叫了，楊布就和哥哥進屋去了。

錦囊妙計

知己知彼

一、請問你覺得楊布為什麼想打狗？如果換成是你，會不會打狗？為什麼？

二、你覺得楊布的哥哥楊朱講的話有沒有道理？在生活中有沒有看過或發生過類似楊布打狗的情形？

三、你覺得楊布的個性如何？

隆中對策

一、你覺得楊布打狗這個故事有沒有可能發生？狗的嗅覺相當靈敏，就算視力很差，也應該聞得出主人的味道，而不會誤判才對。如果狗真的叫了，會是什麼原因呢？

二、請找出楊布打狗這個故事的主旨。

畫中有話

妙筆生花

如果楊布沒有和哥哥住在一起，這狗衝出來對他吠叫，之後會發生什麼事？請小朋友想一想，並寫下可能的結局。

鬼最易畫

取材自《戰國策》

請聽我說

我們在美勞課都會畫畫，你最會畫什麼呢？不論是畫動物還是畫植物，你覺得什麼最好畫？什麼最難畫？原因是什麼？想一想，再看一看下面的故事，看看你和畫家的想法一不一樣哦！

故事內容

在春秋戰國時代，齊王請了一個畫家來幫他畫人像。因為畫畫時，被畫的人要保持著同一個姿勢不動，所以齊王覺得很無聊，便和畫家開始聊天。聊了幾句，齊王見到畫家都不太敢回答，覺得有點沒趣。正好畫家告訴齊王說：「今天先畫到這裡，剩下的明天再畫。」齊王很好奇畫家到底畫了什麼，就走過去看一看，看到畫紙上已經勾勒完大致的輪廓，畫得很像。齊王覺得很滿意，邊看畫像邊問：「請你告訴我，你認為什麼最難畫？」

畫家躬身回答說：「大王，我認為狗和馬最難畫。」

齊王驚訝的抬起眉頭，想了想，笑了笑，又問：「也是，狗和馬又不會乖乖不動讓你畫，要畫得像真狗真馬是蠻難的。那你認為什麼最容易畫呢？」

畫家躬身回答說：「大王，我認為鬼最容易畫。」

齊王驚訝的問：「為什麼？」

畫家躬身回答說：「我們大家都知道狗、馬長怎樣，所以要畫得像，實在不容易。但我們沒有人見過鬼，所以隨便我們怎樣畫都可以了。」

齊王想了想，哈哈大笑，吩咐屬下賞賜銀子給畫家，便轉身離去了。

錦囊妙計

知己知彼

一、小朋友，你覺得為什麼齊王在當模特兒時會無聊，想找畫家聊天？為什麼畫家不太敢回答？是真的不敢，還是有其他原因？

二、除了齊王和畫家講的原因之外，還有什麼原因會讓人覺得狗和馬很難畫？

三、畫家說鬼最好畫，你同不同意？你覺得什麼最好畫，什麼最難畫？

隆中對策

一、為什麼齊王在聽完畫家的話後會哈哈大笑，還賞賜他銀子？

二、如果把這個故事的主旨，放到求學、做人上來看，是在說什麼道理呢？

畫中有話

妙筆生花

小朋友，請你畫下你所創造的一隻鬼，並為他取個名字，寫段自我介紹吧！

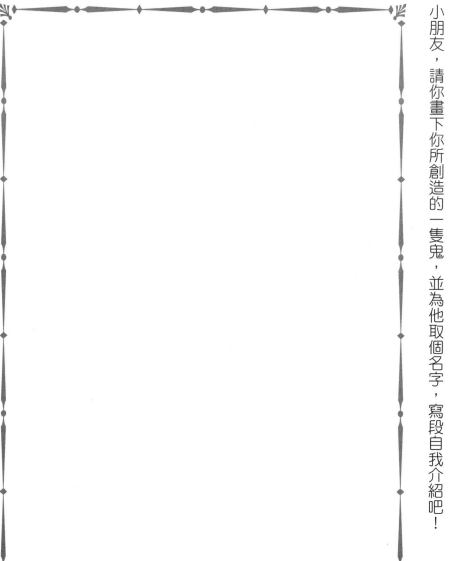

三人成虎

取材自《戰國策》

請聽我說

老虎是兇猛的貓科動物，會在人聚居的地方出現，只有幾種可能：第一，本來是寵物結果逃脫了；第二，找不到食物，只好進城覓食；第三，已經習慣吃人。這三種可能發生的機率很低，所以若是有人說街上有頭老虎在亂逛，大家幾乎都不會相信，只會很好奇的跑去看。小朋友，請你看完下面的故事，想一想龐蔥要傳達的意思。

故事內容

戰國時代，各國常常發生戰爭，為了使大家真正能遵守信約，國與國之間通常都將太子交給對方作為人質。這次，魏國也是如此。

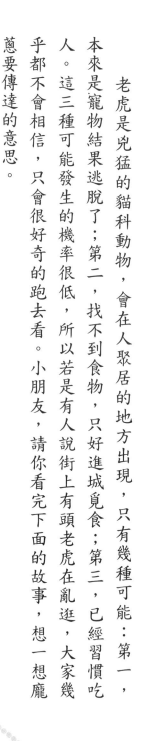

魏國大臣龐蔥，將要陪魏國太子到趙國去作人質。但他很不放心，要走之前決定先去拜望魏王。

龐蔥對魏王說：「大王，如果現在有一個人說街道上出現了老虎，請問大王會相信嗎？」

魏王道：「我怎麼可能會相信。」

龐蔥說：「如果有第二個人說街道上出現了老虎，大王您相信嗎？」

魏王道：「我會有點半信半疑。」

龐蔥又說：「如果有第三個人說街道上出現了老虎，敢問大王會相信嗎？」

魏王道：「既然已經有三個人都這樣說，我當然會相信。」

龐蔥接著說：「街道上不會出現老虎，這是很正常的事，可是經過三個人一說，好像真的有老虎出現了。現在趙國國都邯鄲距離魏國國都大梁，比這裡的街道遠了許多，會在大王面前說我壞話的人又不止三個，希望大王明察才好。」

魏王道：「我知道。」

於是龐蔥放心陪太子去趙國。但是，後來魏王還是聽信讒言，沒有再重用龐蔥。

錦囊妙計

知己知彼

一、如果是你，我們說大街上出現老虎在逛街，你會不會相信？如果真的有老虎出現，你覺得有哪些原因？

二、你覺得魏王聰不聰明？為什麼龐蔥會不放心，要對魏王說這個故事？

三、你覺得後來魏王還是沒有重用龐蔥的原因是什麼？

隆中對策

一、要是有好幾個人跟你說一個不太可能發生的事情，你會不會相信？要怎麼樣才能知道事情的真假？

二、想一想，騙人的人的目的是什麼？我們要怎麼樣才不會被騙？

畫中有話

妙筆生花

請你模仿三人成虎的故事寫法，寫出一個故事，當中要有同樣一件事連續發生三次。題目請從這五個中自選：「狼與羊」、「小豬蓋房子」、「小狗去旅行」、「迷路的小貓」、「貪心的小熊」。

哪吒大鬧水晶宮

取材自《封神演義》

請聽我說

在中國的小說中，神怪類便是其中的一種。神怪類其實也是以事實為基礎所發展出來的小說，只不過當中會出現很多很奇怪的東西，如動物、法術等，主角的際遇也很不平凡。《封神演義》就是屬於神怪類的小說。整部小說建構於商周兩朝交替的史實上，其中許多人物，像是姜子牙、紂王、文王、武王等均是真實人物，只不過加添或改動了他們的性格與事蹟而已。當中許多事件也是真的歷史，例如：紂王的暴虐、比干挖心、箕子出走。在本段故事中，李靖也是歷史上的真實人物，他真的也是一代名將，只不過被改動性格與事蹟而已。哪吒倒是完完全全的虛構人物，故事中的精采情節，就請你自己看下去吧！

故事內容

哪吒七歲時，身高已經長到六尺（約一百五十公分）。那年五月，天氣炎熱，李靖因為東伯侯姜文煥造反，在遊魂關大戰竇融，所以每天忙於操練軍隊，沒有空管教兒子。哪吒因為天氣炎熱，覺得很煩，就去見媽媽，要求要出關去玩。殷夫人很疼愛兒子，就要求哪吒要帶一個有武功的部下才能出去玩。

哪吒帶了部下出了關，越走越熱，看到前方有樹林，就決定去林中避暑。走到林中，解開衣襟，吹著涼風，又看到旁邊有一條河，就決定要到河裡玩水消暑。哪吒脫了衣服，坐在石上，將七尺混天綾放在水裡晃來晃去，沾水洗澡。他玩得正開心，卻不知這條河是「九灣河」，通往東海。混天綾將河水映得全紅，搖一搖、晃一晃，水晶宮也跟著晃動，東海龍王敖光在宮內覺得奇怪，吩咐巡海夜叉李良到河口查看。

李良到河口一看，看見哪吒正在用混天綾玩水玩得不亦樂乎，大叫：「哪裡來的孩子？在玩什麼？」哪吒低頭看見水裡有一藍臉紅髮、大嘴獠牙、手持大斧的東西正在講話，打擾他玩水，就罵了他幾句。李良氣死了，就跳上岸來一斧劈過去，卻被哪吒一閃，用乾坤圈朝頭打下，李良就死了。哪吒見乾坤圈髒了，就在河中洗一洗，結果水晶宮震動更大，差點倒塌。敖光得知李良被殺，十分生氣，便欲帶領兵將前去算帳。這時他的第三個兒子敖丙正好進來，知道事情的經過後，便自願前往。

敖丙率領兵將排水而來，見到哪吒問他為何要殺李良，哪吒說：「你很奇怪耶！我在這裡玩水玩得好好的，李良就衝出來罵我，還要用斧頭劈我，我當然要還手呀！」敖丙大罵：「你這小孩，李良是天王殿差，你大膽將他打死，還敢亂說話！」說完便將畫戟刺向哪吒。雙方邊罵邊打，敖丙武藝精湛，哪吒漸居下風，心裡一急，便將混天綾當空一展，罩住敖丙，再用乾坤圈往頭頂上一打，打出敖丙的原身，是一條龍。哪吒一摸，沒氣了。心想：

聽說龍筋很堅韌，我將他的筋抽去，做成一條皮帶送給父親用。就帶著龍筋回關了。

回到家中，哪吒也沒有告訴父母發生的事，就回到屋裡休息。李靖此時操練結束，回家正在煩惱天下諸侯不滿紂王、紛紛造反的事。敖光在水晶宮正等著兒子回來，卻聽說哪吒將敖丙打死，連筋都抽去了，大吃一驚，便化成人形，氣沖沖的向李靖討公道。李靖心想自己的兒子應該沒有這種能耐，不過還是叫哪吒出來問問。找了半天，哪吒才應聲，問他在做什麼，哪吒就將今天所發生的事說了，還說正在利用龍筋替李靖做腰帶。李靖聽了呆了呆，便叫哪吒快去謝罪。哪吒到了大廳，正經誠懇的向敖光道歉。敖光在氣頭上，哪裡會接受，便說要上報天庭，轉身就走了。李靖和夫人雙雙哭泣，心想怎會惹來這種滅門之禍。哪吒見父母哭泣，便向父母下跪，說：「我並不是凡胎肉身，我是乾元山金光洞太乙真人的徒弟，這些寶貝都是師父所賜，怎麼知道可以打贏龍王？我這就去向師父請教，俗話說：『一人做事一人當。』我不會拖累家人的。」說完便土遁而去。

太乙真人見了哪吒，了解事情原由後便罵哪吒不知輕重，但還是吩咐哪吒先去寶德門，事情處理完後，回家告訴父母：「若有事情師父會處理，絕不會連累父母！」

哪吒到了寶德門，敖光還未到，天門也還未開。後來只見敖光穿著朝服，站在南天門等候。哪吒心想身上有隱身符，就用乾坤圈猛打敖光，雙方扭打起來，哪吒撕了敖光的朝服，又抓下四五十片鱗片，痛得敖光在地上打滾。哪吒要求敖光變成一條小青蛇和他回陳塘關。敖光向李靖解釋原由，怒道：「你生的好兒子！我要約四海龍王一同到靈霄殿申冤，看你如何處理！」說完，就化成一陣清風走了。

李靖頓足嘆氣：「事情越來越嚴重了，你這孩子淨惹禍！」過了數日，太乙真人告訴哪吒，龍王已經稟告天帝，要來抓拿李靖夫婦。哪吒一聽，十分緊張，拜託師父救他的父母。太乙真人見哪吒有孝心，嘆了口氣，就吩咐哪吒先回家。哪吒一回到家，見到四海龍王敖光、敖順、敖明、敖吉正在客廳，便大聲的說：「一人做事一人當，我打死李良、敖丙，我該償命，哪有孩子犯錯還連累父母的？」又對敖光說：「我的原身是靈珠子，是奉玉虛符命，應運下世。我今天將我的骨肉還給父母，就算是讓你報仇，你覺得如何？如果不行，我就和你們一起去靈霄殿見天帝，我自有話要稟告。」敖光見哪吒有此孝心，也就消了氣。哪吒便右手提劍，先削去左臂，再自己剖腹，拉腸切骨，死在大廳之中。四海龍王各自走了，只剩下傷心的李靖夫婦將哪吒的屍骨裝棺埋葬。哪吒死後，魂魄無所依憑，就飄飄蕩蕩的回到乾元山。

錦囊妙計

知己知彼

一、你覺得哪吒做的事情對不對？為什麼？

二、你覺得李良問話的方式好不好？敖丙、敖光的問話方式呢？

三、你覺得哪吒的本性如何？做錯事後是如何面對、處理？

隆中對策

一、因為哪吒長得很高，但是實際上卻只有七歲，敖光一群人有沒有可能誤判哪吒的年紀而做出太高的要求，哪吒聽不懂所以才引發事件？

二、溝通時遇到障礙，我們該如何解決，才不會讓後果難以收拾？

三、你覺得李靖夫婦對哪吒的管教有沒有什麼問題？

畫中有話

妙筆生花

請將下列語詞填入（　）中

A一人做事一人當，B不亦樂乎，C不知輕重，D氣沖沖，E滅門之禍

他玩得（　　　　），完全不知道已經闖下（　　　　）。等到回到家時，對方（　　　　）的上門理論，被父親大罵真是（　　　　）。他認為（　　　　），所以他也誠懇的認錯，終於取得對方的諒解。

美猴王大鬧天宮

取材自《西遊記》

請聽我說

《西遊記》也是屬於神怪類的小說。構想來自玄奘法師所寫的《大唐西域記》，玄奘當年只是個小和尚，一心想追求原汁原味的佛典，所以想盡辦法到佛教的發源地——印度去取經。他背著行囊，沿途化緣，到邊關時甚至混進商隊，偷渡出境，從北絲路轉接南絲路，走過高山，走過沙漠，經過快兩年的時間，終於走到印度研習佛法。在印度研習佛法之後，又到各寺院講道，名聲響亮，一晃就是十年。因為名聲傳回長安，所以國君特別請他回國傳授佛法。在長安建立白馬寺，將白馬馱回的經典進行翻譯，也在國內講道，並將沿途所見所聞寫成《大唐西域記》。而作者卻藉此改寫成神怪小說，是因為對當時的貪官污吏的所作所為不滿，所以當中所有的妖怪，都是當時貪官污吏的化身哦！

故事內容

自從太白金星招降美猴王後，天帝封了他當弼馬溫，負責管理天宮的馬廄。一日，數個監官和美猴王一同飲酒作樂，席間，美猴王問弼馬溫的官究竟有多大，監官們老實回答說這是個最微不足道的小官，做不好就會被責罰，做得好也只會被讚個好字。美猴王心想：我老孫在花果山稱王稱祖，怎麼哄我來替他養馬？一氣之下，拿出金箍棒，逕回花果山去了。

回到花果山，才發現天上一日，地上一年。回去告訴眾猴，自立為齊天大聖。天帝派遣托塔李天王與哪吒三太子前往擒拿。巨靈神當先鋒衝到洞門前，一下子就被美猴王打敗了。美猴王揚言道：「若是想要安寧，就照我旗子上的稱號加封官職；不然我老孫就不與你善了。」之後換哪吒三太子出陣，變出千萬件兵器，各自巧妙不同，件件從不同角度向美猴王廝殺過來。打了三十個回合後，有一件寶貝正中美猴王，哪吒三太子正得意間，卻被美猴王兜頭打了一棍，敗下陣來。原來刺中的是美猴王毫毛變化的假象。此戰慘敗，回覆天庭。天帝本欲再派戰將，太白金星出列勸道：「凡事以和為貴，這潑猴既然要這虛名，天帝封他便是，何必再動干戈。」天帝遵從了太白金星的建議，封他為齊天大聖。

齊天大聖原是個虛名，所以美猴王成日在天界閒晃，與人結交喝酒作樂。天帝怕他再惹事，所以將蟠桃園交給他管。過了數日，見蟠桃樹上蟠桃成熟，便想辦法偷摘來吃，吃得心滿意足。及至王母娘娘要辦蟠桃宴，仙女欲進入採果，發現園內花果稀疏，多半是不熟的桃子。只摘了五籃，等到摘到後頭，驚擾了大聖，大聖以定身法定住仙女時，才知道王母娘娘要舉辦蟠桃宴。大聖問可不可以去，仙女為難的告訴他，要被邀請的才能參加。大聖才不管這麼多，唸聲咒語，化出祥雲，就往瑤池去了。

到瑤池路上，望見赤腳大仙正在路上，美猴王騙他天帝找他要他到南天門等，大聖便化身成赤腳大仙，大搖大擺的走進瑤池。只見雕梁畫棟，許多桌子擺滿大廳，桌上擺了許多珍奇美味，香味四溢。當中並未看到有神仙到來，忽然聞到一陣酒香，轉頭看見右壁廂長廊下，有幾位正在洗缸刷甕，已釀成的玉液瓊漿、香醪佳釀，濃濃的酒香，逗得大聖口水直流。眼睛一轉，拔下幾根毫毛，變出幾個瞌睡蟲，吹送過去，那些人一下子就全睡了。大聖走回廳中拿些好菜，再轉回酒缸邊，盡情的吃菜喝酒，吃喝飽了，就想：再過一會兒，請來的客人都到了，要是見到我先吃喝了，豈不是會責怪我？不如早點回家睡覺吧！

但是大聖已經喝醉了，一路上跌跌撞撞，走錯了路，竟然走到兜率天宮去了。心想：太上老君的地方，沒來過，就逛一逛吧！開門進去，轉了幾圈，沒見到太上老君，倒晃到了丹房，只見丹房之旁，爐中有火。爐左右安放著五個葫蘆，葫蘆裡都是煉成的金丹。大聖見到十分高興，因為仙丹是仙家至寶，吃了可以增加功力，所以就把五個葫蘆中的仙丹當作炒豆，一口氣全吃了下去。吃下去後，酒也醒了，發現闖了大禍，所以連忙逃回花果山去。

七仙女被大聖用定身法定住，花了一周天才脫身，回稟王母娘娘大聖偷桃及被定身的過程。王母娘娘聽到就去稟告玉帝，這時造酒的人也來回報酒菜被偷吃了，太上老君也說他所煉製的九轉金丹被偷光了。玉帝覺得事態嚴重，卻又聽到大聖不見蹤跡，確定事情是他所做，勃然大怒，便差四大天王，協同李天王、哪吒太子，點二十八宿、九曜星官、十二元辰、五方揭諦、四值功曹、東西星斗、南北二神、五嶽四瀆、普天星相，共十萬天兵，布十八架天羅地網下界，去花果山圍困，一定要捉大聖回去處治。

到了花果山，九曜星首出戰，卻戰得筋疲力軟，一個個倒拖器械，敗陣而走。李天王立即調動四大天王與二十八宿，一路出師來鬥。大聖也調出獨角鬼王、七十二洞妖王與四個健將，於洞門外列成陣勢。這一場從天亮打到天黑，那獨角鬼王與七十二洞妖王，都被眾天神捉拿去了，只有四健將與那群猴狼狽逃走，深藏在水簾洞底，不敢出來。大聖見天快黑了，便拉下一把毫毛，丟在口中，咀嚼後噴出，叫聲「變！」就變了千百個大聖，手上都拿著金箍棒，才打退了哪吒太子，戰敗了五個天王，全身而退。

大聖回到洞中，安慰了洞中小妖，叫他們別擔心，便一起喝了幾杯椰酒，就去睡了。李天王帳中獎賞了有功將士，並用天羅地網團團圍住花果山，排好守夜更次，大家便去休息，明日再戰。

錦囊妙計

知己知彼

一、你覺得美猴王的個性如何？

二、美猴王和哪吒同樣都是鬧，兩個人在面對事情的處理上有何不同？

三、太白金星說：「凡事以和為貴」，所以放了美猴王一馬，反而闖下更大的禍端。你覺得當初該怎麼處理比較好？

隆中對策

一、美猴王為天地靈氣所化，本就無父無母，拜師學藝時又受人排擠，也沒學到什麼做人處世的道理。到花果山稱王日久，根本就已經忘了如何與人相處，只知隨心所欲，在這樣的情況下，你覺得天庭的處理方式對嗎？

二、你覺得美猴王要的只是齊天大聖的名號，還是別的？

畫中有話

ZZZ
啊！
你還好嗎？沒事吧？
唉！
桃子太熟了，一打就爛。我昨晚才洗頭，又得再洗了。

妙筆生花

請將下列語詞填入（　）中

A心滿意足，B微不足道，C雕梁畫棟，D狼狽，E擒拿

天庭派人（　　　）美猴王不成，（　　　）逃回天庭稟告玉帝。玉帝大怒，太白金星獻策，不如改用招降，給他個最（　　　）的官做做。美猴王不知原因，就答應了，看著天庭中的（　　　），他（　　　）的笑了出來。

女媧造人補天

取材自《淮南子》

請聽我說

世界上各族都有創世神話，有的說天地是由一塊石頭爆開所形成的；有的說天地本來是一個蛋，從中生出一個或兩個主神，再創造天地萬物；還有的說天地是由其他地方來的眾神所創造的；另外還有說天地本就只有一團氣體或是液體不斷攪動，從中生出了主神或眾神，開闢天地創造萬物。不管是哪一種，都是人類為了交代自己的由來所流傳下來的想法。請你看一看下面的故事，看看中國人認為世界是怎樣產生的呢？

故事內容

根據中國的傳說，地球起先只是一團渾沌，當中睡了一個巨人——盤古。混沌就像蛋殼裡包裹著小雞——盤古。睡了不知幾萬年後，有一天，盤古醒了，他覺得不舒服，想伸伸懶腰，卻無法開展手腳，於是他用力推、用力頂，等到他能站立時，天地的界限也就分出來了。盤古在完成這項主要的工作後，非常疲累，累到再也站不起來，他的骨化成山脈，他的血化成河川，他的肉化成肥沃的土壤。

當舊的神死亡之後，新的神就誕生來接掌世界。這些神其中之一，就是女媧。傳說女媧的上半身是人，下半身是蛇。她先創造出雞——代表飛禽（正月初一），初二創造狗——代表走獸，初三創造羊——代表四蹄草食動物，初四創造豬——代表四蹄雜食動物，初五休息，初六創造馬——代表可利用的交通工具。等到禽獸都齊備了，但是女媧還是覺得無聊，所以在初七這一天，女媧用黃土和水，仿照神的模樣造出了一個個小泥人。她造了一批又一批，手痠了，看看地上的數量，覺得太慢，於是用一根籐條，沾滿泥漿，揮舞起來，一點一點的泥漿灑在地上，都變成了小泥人。女媧再對著小泥人吹口氣，哇！所有的小泥人都會動了！他們會跳、會叫，但是，和一般禽獸卻沒有分別。女媧又將她之前細心捏造的小泥人都叫來，仔細的傳授他們知識和技術，讓他們再去教其他的小泥人，所以人們會說話了，會思考了，也有規矩和制度了。

女媧滿意的看著地上的人，微笑的回到天上去了。

但是，沒想到有一天水神共工與火神祝融吵架，水神輸了，十分氣憤，便朝不周山用力撞去。不周山是撐天的柱子，被水神這麼一撞，柱子便斷了，天就傾斜下來。水神的悲憤讓大水蔓延，火神也不甘示弱，點出一堆堆火花。地上的禽獸和人們被嚇得四處逃竄，許多兇猛的野獸也被逼離住所，到處危害人們與禽獸的性命。人們悲苦的向女媧娘娘祈求，女媧娘娘聽見了，不忍心她所創造的萬物受到侵害，所以就焚燒了許多蘆葦，用灰補平大地，阻斷洪水，又將五彩石煉化成漿，用來補天上的裂縫，還到東海捕捉神龜，斬下牠的四足，代替不周山支撐天地。在女媧娘娘的努力下，天和地的裂縫補好了，天帝也出來約束火神和水神，不讓他們再打下去。不過，因為天地傾斜的時間太久，所以東方比較低，西方比較高，所有的河流就都改成由西向東流了。女媧娘娘完成修補後又回到天上，天帝也派其他神將凶獸趕回原來居住的地方，人們和禽獸才又出來安心的過日子。

錦囊妙計

知己知彼

一、你覺得女媧為什麼要創造禽獸？

二、為什麼女媧還要再仿照神的形象創造人類？

三、女媧為何創造完萬物後就回天上了？為何要拯救萬物、修補天地？

隆中對策

一、你還知道其他創世神話嗎？像是東南地區少數民族共有的葫蘆瓜兄妹傳說、西北地區流傳的石頭蹦出來的傳說，或是由鳥獸變成的傳說。請你找一找，和女媧的故事比一比，看看有哪裡相同或不同？

二、請將這篇故事出現的所有神、人、物找出來，並用↓表示之間的關係，並將關係內容與事件寫在↓的旁邊。

畫中有話

妙筆生花

請你模仿本篇故事寫法，寫出一篇文章，要依照事件發生順序來寫。題目請從這五個中自選。

「這週六」、「到……去玩」、「在學校的一天」、「學……」、「大掃除」。

孫叔敖打死兩頭蛇

取材自《論衡》

請聽我說

所有的生物都只有一個頭，但是有時因為基因變異，或是在卵中或母體中發育時，細胞分裂錯誤，導致某一部分的肢體生長畸形、缺損或重複。兩頭蛇的產生也是如此，不過因為古人沒有這方面的常識，加上對蛇的厭惡與恐懼，所以就認為這是惡兆，是不正常的。搞不好除了醫生以外，一般人根本搞不清楚毒蛇與無毒蛇的差別。想想看，如果你碰到兩頭蛇，你會有什麼反應？再看看孫叔敖的處理方式吧！

故事內容

孫叔敖，原名敖，春秋時代楚國期思（今河南淮濱）人。少年時家中貧困，母親忙於整理家務和賺錢，但是母親依然會抽空教育他要好好做人，要時時處處為別人做好事。

孫叔敖記得母親的教誨，所以在他七、八歲之後，就開始幫母親做家事，幫別人放牛賺錢。十歲那年，孫叔敖做完事後外出玩耍，忽然看到路上爬著一條雙頭蛇。他以前聽別人說，誰要是看見兩頭蛇，就會在三天之內死去。孫叔敖非常傷心，認為自己就要死了。他想：「這條兩頭蛇爬來爬去，肯定有許多人會看到牠，這些人也會死去。既然我都要死了，在臨死前也要救救別人。」於是他拾起路邊的大石塊，打死了雙頭蛇，並把牠深深的埋起來。

回到家裡，孫叔敖哭著把這件事告訴了母親。聽了孫叔敖的話，母親很感動，她高興的說：「好孩子，你做得對。你的心腸這麼好，你一定不會死的。好人總是有好報。」

後來，孫叔敖並沒有死，平安長大成人。由於他的學識品德好，做了楚國的令尹。他還沒正式上任，老百姓就已經很信賴他了。史學家司馬遷在

《史記》中稱孫叔敖為「循吏第一」。

錦囊妙計

知己知彼

一、在故事中，孫叔敖的父親未曾出現過，請問你覺得發生了什麼事？

二、從孫叔敖的行為來看，你覺得他是個怎麼樣的人？

三、如果你看到兩頭蛇，你會怎麼做？

隆中對策

一、兩頭蛇只是基因突變體，古人傳說看到牠三天內就會死去的可能原因是什麼？不然兩頭蛇不就死得太無辜了！

二、請你想一想，在生活中有沒有遇過像這個故事中的兩難事件，你要如何判斷、抉擇？

畫中有話

啊！
哇呀！
我竟然看到兩頭蛇！
嘻～沒看過蛇照鏡子呀！

妙筆生花

請你發揮你的想像力，想一下貧窮的孫叔敖，他的一天是怎麼過的。請從早上起床到晚上上床睡覺之間照順序的寫下來。

大人國、兩面國

取材自《鏡花緣》

請聽我說

神怪類的小說有很多，但是會讓人讀來很興奮又不覺得噁心，還可以和《格列佛遊記》、〈辛巴達七次航行〉等名著媲美的，就屬《鏡花緣》了。李汝珍當初寫這本小說時，參考了《山海經》，所以當中提到的許多怪獸都在本書出現。當時的政治環境不好，讀書人很難出人頭地，所以李汝珍就化身成為本書主角唐敖——一個官場失意的秀才，在許多國家的經歷中，傳達他所要講的道理。每一個國家都很有特色，現在就讓我們跟隨唐敖，一起到大人國和兩面國去玩玩吧！

故事內容

話說多九公、林之洋、唐敖三人在嶺上迷了路，走不出去，便到前方的小廟求助，在廟中見到廟祝和他的妻子，腳下均有雲彩，便詢問原由。廟祝說：「這雲是由腳生出來的，我國國民天生就這樣，顏色以五彩為最尊貴，第二是黃色，其他顏色都一樣，只有黑色最糟。」接著便指引路徑，三人便彎彎曲曲的穿過山嶺，來到市鎮。

到了市鎮，見到一個乞丐腳登彩雲走過，林之洋覺得奇怪，不是彩雲為貴嗎？便詢問多九公，多九公笑說：「我當年到這裡也曾覺得奇怪，詢問過當地民眾才知原來雲的顏色雖有高下之分，但是色彩是由行為善惡來決定的，不是依據富貴貧賤。如果光明磊落，不做壞事，自然會出現彩雲；如果一天到晚算計別人，做壞事，腳下就會出現黑雲。不過這裡民風淳樸，登黑雲的人很少，因為大家都認為登黑雲很丟臉，所以會拚命做好事，盡量不做壞事，所以鄰國就稱呼這裡『大人國』，別人不知道，還以為是這國家的人都身材高大呢！其實身材高大的是『長人國』才對！」

忽然見到街上人民紛紛往兩旁避開，原來有位官員走過，頭戴烏紗，身穿員領，打著一把蓋天紅傘；一堆侍衛前呼後擁，看起來倒也威嚴；就只有官員腳下圍著紅綾，雲的顏色讓人看不明白。唐敖覺得奇怪，多九公說：「這個人一定是因腳下忽生一股惡雲，類如灰色，人都叫作『晦氣色』。會生出這種雲必是暗中做了虧心事。雖然人被他騙了，這雲老實的生出晦氣，讓他在人前現醜。他雖用綾遮蓋，只是『掩耳盜鈴』而已。只要痛改前非，一心向善，雲的顏色也就隨心變換。如果惡雲在足下久生不散，不但國王會親自訪查他的罪過，一般民眾也會因為他犯錯不悔改，就不敢靠近他。」林之洋道：「原來老天做事也不公平！」唐敖道：「哪裡不公平？」林之洋道：「老天只將這雲生在大人國，別處都不生，難道不是不公平？若天下人都有雲，讓那些做壞事的個個人前現醜，人人看著驚心，豈不痛快？」多九公道：「世間那些不明道德的，腳下雖未現出黑雲，他頭上卻是黑氣沖天，比腳下黑雲還更厲害！」林之洋道：「他頭上黑氣，為什麼俺看不見？」多九公道：「你雖看不見，老天卻看得明白，分得清楚。善的給他善路走，惡的給他惡路走，自有一定道理。」林之洋道：「如果這樣，俺也不怪他老人家不公平了。」大家又到各處走走，惟恐天晚，隨即回船。

走了幾日，到了兩面國。唐敖要去走走，多九公因為腳痛無法陪同，所以只有林之洋陪去。林之洋說：「俺今日匆忙上來，穿的是破舊的衣衫，並不是新衣服。俺同妹夫一路行走，他是儒巾綢衫，俺是舊帽破衣，倒像一窮一富。若教勢利人看見，還肯睬俺麼？」多九公笑道：「他不睬你，你就對他說：『俺也有件綢衫，今日匆忙，未曾穿來。』他必另眼相看了。」林之洋道：「他如果真的另眼相看，俺更要擺架子說大話了。」多九公道：「你說甚麼？」林之洋道：「俺說：『俺不獨有件綢衣，俺家中還開過當鋪，還有親戚做過大官。』這樣一說，只怕他們還有酒飯款待哩。」說著，同唐敖去了。

多九公的腳很痛，吃了藥，不知不覺又睡了一覺。等到睡醒，就不痛了。見到兩人回來，問說：「你們看得如何？為何兩人交換衣服穿？」

唐敖道：「我們走了三十餘里，才見到市鎮。原想要看看兩面是何形狀，誰知他們個個頭戴浩然巾，都把腦後遮住，只露一張正面，卻把那面藏了，因此並未看見兩面。小弟上去問問風俗，彼此一經交談，他們那種和顏悅色、滿面謙恭光景，令人不覺可愛可親，與別處迥不相同。」林之洋道：「他同妹夫說笑，俺也隨口問他兩句。他掉轉頭來，把俺上下一望，瞬間變了個樣子：臉上冷冷的，笑容也收了，帶著不屑的表情。停了半晌，他才答俺半句。」多九公道：「說話只有一句、兩句，怎麼叫作半句？」林之洋道：「他的說話雖是一句，因他無情無緒，半吞半吐，等到傳到俺耳中，只剩半句。俺因他們個個對俺冷淡，就走開了。俺同妹夫商量，俺們彼此換了衣服，看他可還冷淡。登時俺就穿起綢衫，妹夫穿了布衫，又去找他閒話。那知他們忽又同俺謙恭，卻把妹夫冷淡起來。」多九公歎道：「原來所謂兩面，卻是如此！」

唐敖道：「還不只如此！後來舅兄又和另一人說話，我偷偷走到這個人身後，悄悄把他浩然巾揭起。沒想到裡面藏著一張非常凶惡的臉，有著老鼠般的眼、鷹勾鼻，滿面橫肉。他見到我，把掃帚眉一皺，血盆口一張，伸出一條長舌，噴出一股毒氣，瞬間陰風慘慘，黑霧漫漫，我忍不住大叫一聲：『嚇死我了！』再向對面一望，誰知舅兄卻跪在地上。」多九公道：「唐兄嚇得喊叫也就算了，林兄為何突然跪下？」林之洋道：「俺和這個人正在說笑，妹夫猛然揭起浩然巾，識破他的偽裝，所以他瞬間就把好好一張臉變成青面獠牙，伸出一條長舌，猶如一把鋼刀，忽隱忽現。俺怕他叫其他人來打我們，嚇了一跳，不由得腿就軟了，朝著他磕了幾個頭算是道歉，這才逃了回來。九公！你說這事奇不奇怪？」多九公道：「在江湖上混，什麼奇怪的事我沒見過！這有什麼好奇怪的！我想應該是你們不夠小心謹慎，冒犯了別人，才會惹來禍患，以後要多多小心才是。」

錦囊妙計

知己知彼

一、請問你覺得腳下有雲有什麼好處？如果大人國這種雲長在你身上好不好？為什麼？

二、你了解多九公的意思嗎？「善的給他善路走，惡的給他惡路走，自有一定道理。」是有什麼道理？

三、你喜歡兩面國的人嗎？為什麼？

隆中對策

一、請問「君子坦蕩蕩，小人長戚戚」這一句在講哪一個國家？

二、孔子說過：「巧言令色，鮮矣仁。」用這句話來看兩面國，你有什麼想法？

三、想一想，在生活中，你想當哪一國人？想和哪一國人做朋友？要如何要求自己呢？

畫中有話

妙筆生花

如果讓你選擇，你想投胎到大人國還是兩面國？請寫下具體原因。

我想投胎到：□大人國□兩面國

因為：（請寫在下一頁）

1.

2.

3.

4.

5.

草船借箭

取材自《三國演義》

請聽我說

羅貫中的《三國演義》是參考了真實史書撰寫而成，其中有八成以上都是真實歷史，當中的謀略也是真正在戰場上被運用的，所以特別有真實感。不管是書籍、電玩、漫畫、各類同人誌，利用當中人物所創作的作品層出不窮，甚至遠播世界，日本就是其中一個死忠迷。當中有許多故事都很吸引人，但是若講到經典畫面，草船借箭就屬其中一段。當中並沒有短兵相接的衝殺場面，反而充滿了謀略的智鬥，讓人不禁嘆息：「人類跟動物的差別，果然還是在會思考的大腦啊！」

故事內容

話說三國時期，魏蜀吳三國鼎立，共爭天下。此時蜀漢已得孔明為軍師，孫權恐劉備坐大，便用要將妹妹嫁給他的理由，引劉備前來。劉備忐忑不安，孔明卻說一定得去，他會陪同前往，見招拆招。所以劉備和孔明便到東吳去了。

曹操聽聞兩人要結親家，將會合併雙方勢力來攻打他，他便決定要先下手為強，所以召集大軍聲勢浩大的攻打東吳。此時東吳軍中，孔明閒坐帳中，有空時就和魯肅喝酒聊天，看似漫不經心，實際上已經開始收集情報。周瑜對於孔明的能力又妒又恨，心想若不除去孔明，東吳一統天下的夢想將無法實現。所以想盡辦法要刁難孔明。

一日，周瑜在群英會上戲弄了蔣幹，故意讓他帶假情報回去給曹操。又派魯肅去探孔明口風，看他知不知道此事。孔明告訴魯肅，這計策只能瞞得曹操一時，但是因為曹操表面上絕不肯認錯，所以只會承認損失了兩位優秀的水軍都督。曹操又換上于禁、毛介不識水性的兩位部將領軍，我軍贏面大增，不過千萬不要告訴周瑜這些事，他又會因為嫉妒而想辦法來害我。

魯肅是個不會說謊的人，回到周瑜那兒，被他一逼問，就全說了。周瑜認為孔明實在太過厲害，一定要除去他。第二天，召請眾將到主帥帳中討論事情，請孔明也來。周瑜問孔明說：「這幾天我們就要和曹軍作戰了，在水面上打仗，應該用哪一種兵器最好呢？」孔明回答：「既然在河上最好用弓箭。」周瑜說：「我的看法和你相同。但是我們目前卻缺乏箭枝，可不可以麻煩您監督造箭十萬枝，好用來打仗，這可是公事，希望你不要推辭。」孔明眼睛轉了轉，就知道了周瑜的想法。摸著鬍子笑說：「既然是公事，我又怎麼敢推辭呢？請問這十萬枝箭何時要完工？」周瑜說：「十天，可不可以？」孔明說：「曹操的軍隊都要來了，十天，太久了，我只要三天就可以做完。」周瑜嚴肅的說：「在軍隊中是不可以開玩笑的，十天都很趕，何況是三天？」孔明說：「都督別擔心，我不是在開玩笑。不然我立下軍令狀，若做不到，願接受重罰！」周瑜很高興，連忙叫軍政司將紙筆拿來讓孔明立狀，又請孔明喝了酒說：「如果你做得到，打完仗後我會另外再酬謝你。」孔明喝了酒說：「今天造箭已經來不及，我明天才開始造，到第三天，可以派五百個士兵到江邊搬箭。」喝了幾杯酒就走了。

孔明走後，魯肅很擔心的問周瑜，孔明是不是在說大話。周瑜說：「這次是他自願跳進來，我可沒逼他，他現在又立了軍令狀，就是插翅也難逃了。我會吩咐工匠故意延遲，讓他工具和材料都不齊全，時間一到，我就定他的罪，看他有什麼話說？你現在去探探他的口風。」

魯肅又只好去找孔明，一進房，才關上門，孔明就對魯肅說：「我不是要你別告訴周瑜嗎？你看你又害我惹禍上身，你一定要救我！」魯肅無奈的說：「你自己說的話，我要怎麼救你？」孔明認真的說：「很簡單，你借我二十隻船，每船要有士兵三十人，船上用青色的布包著，另外還要把草綁成一大束，共一千多束，平均放在船的兩側。不要問我為什麼，我自有用處，第三天一定會有十萬枝箭。但是絕對不可以讓周瑜知道，不然就不成功了！」

魯肅這回答應了孔明，回報周瑜說孔明不用箭竹、翎毛、膠漆等造箭材料，周瑜覺得很奇怪。魯肅借了孔明要求的物品，但是孔明卻沒有動作。等到第三日晚上四更時分，孔明派人偷偷叫魯肅到江邊取箭，魯肅覺得莫名奇妙，但也一起上船了。當夜大霧瀰漫，伸手不見五指，孔明帶領二十隻船，悄悄行駛，在五更時，已經接近曹操水寨。孔明要求各船迴轉，船頭朝西，一字排開。魯肅很擔心曹操若攻打過來，怎麼逃得掉？孔明安慰他，于禁沒有水戰經驗，一定不敢馬上追，天亮前就會回到東吳。

孔明要求各船擂鼓吶喊，並和魯肅在船中喝酒。此時毛介、于禁聽得聲響，連忙稟告曹操。曹操見江中大霧，怕是伏擊，吩咐兩人調集弓箭手放箭。大約調集了一萬多人，向江中放箭。孔明吩咐各船調轉船頭，頭東尾西，逼近水寨受箭，一面繼續大聲擂鼓吶喊。等到太陽出來，孔明吩咐各船急轉船身返程。等到霧散得差不多了，二十隻船也出了弓箭的射程，孔明便吩咐船上士兵一起大喊：「謝丞相箭！」等到曹操知道時，已經來不及追，他只能在主帳頓足搥胸懊悔不已。

孔明在船上對魯肅說：「每艘船上大約有五六千枝箭，不費東吳半點成本，明天拿來射曹軍，不是很方便嗎？」魯肅很佩服孔明怎知有大霧，孔明笑說：「身為大將如果不懂天文、地利、奇門遁甲、兵士陣圖、陰陽變化，就是個庸才。我三天前就算出今天有大霧，所以才敢說三日能做完。不然周瑜給我十天的時間，材料和工匠故意拖延，想要讓我無法完工而殺我，我豈能讓他如意？」

船到岸時，周瑜已經派五百位士兵在江邊等候搬箭，孔明教士兵到船上去拔，數目絕對超過十萬枝，魯肅則告訴周瑜箭從何來，周瑜嘆氣說：「孔明神機妙算，我實在比不上他！」

錦囊妙計

知己知彼

一、你覺得周瑜為什麼想除掉孔明，除了嫉妒之外，還有沒有其他的原因？

二、孔明的計策之所以會成功，除了魯肅的協助外，周瑜之前做的事有沒有幫助？為什麼？

三、孔明所說的：「身為大將如果不懂天文、地利、奇門遁甲、兵士陣圖、陰陽變化，就是個庸才。」是什麼意思？是在暗指誰？

隆中對策

一、三國時代，群雄爭霸，大家都會設法用計為自己的君王謀求最大利益，請你找出在這篇故事中用了哪些計謀？計謀的功用何在？

二、請問你覺得周瑜說：「孔明神機妙算，我實在比不上他！」時，他心裡在想什麼？

畫中有話

怎麼辦，黏土不夠，只差一隻小狗就做完了……
嘰哩呱啦
喂！你們做的醜不拉嘰，乾脆別做啦！
先蹲下，看我的。
什麼話！真過分！
這些土夠做一窩子小狗了吧～

妙筆生花

請你分析故事中，曹操、周瑜、魯肅、孔明這四個人心裡到底在打什麼主意，並寫下來。

劉姥姥遊大觀園

取材自《紅樓夢》

請聽我說

在古代，皇族、做官的、有錢的這三類人都被一般平民稱為大戶人家。為什麼呢？因為在古代，食衣住行都有嚴格的規定。如果你是平民，首先大門就不能漆成紅色，因為那是貴族和做官的才能漆，而且門還不能太大，只能有一扇門扉，大小只供一個人出入。如果你家的門超過這個大小，代表你很有錢，繳稅到一定金額才能夠有兩扇門扉的大門。大戶人家因為不用在生活中苦苦掙扎，所以對錢的觀念就跟一般人不同。舉例來說，我們看錢可能是以一元為單位，大戶人家看錢卻是以萬元為單位。一個貧苦人家進了大戶人家會發生什麼事？就請你往下看囉！

故事內容

平兒回到鳳姐房裡，見到上次來過的劉姥姥和板兒又來了，還有張材家的周瑞家的陪著，又有兩三個丫頭在倒袋裡的棗子、倭瓜還有些野菜。劉姥姥因上次來過，知道平兒的身分，趕緊向她問好。又說這些瓜果是今年第一次結的，沒敢吃，留下來孝敬府上姑奶奶姑娘們，姑娘們天天山珍海味的也吃膩了，這回吃個野玩意兒，也算是我們的窮心。平兒道了謝，請大家都坐，自己也坐了。說到剛才大奶奶和姑娘們拉著他吃蟹喝酒，周瑞家的說：「一大早我就看見那螃蟹了，一斤只能秤兩個三個，這麼三大簍，想是有七八十斤呢！若是上上下下全府人只怕還不夠吃呢。」平兒道：「哪可能夠，不過都是主子吃個兩口，身邊的丫頭跟著吃些，剩下的人，就得看主子分不分給你吃了。」劉姥姥道：「這樣螃蟹，今年就值五分一斤。十斤五錢，五五二兩五，三五一十五，再搭上酒菜，一共倒有二十多兩銀子。阿彌陀佛！

這一頓的錢夠我們莊家人過一年了。」平兒笑問：「見過奶奶了？」劉姥姥道：「見過了，叫我們等著呢。」周瑞家的笑說：「二奶奶在老太太的跟前呢。我原是悄悄的告訴二奶奶，『劉姥姥要回家去了，怕晚了城門關了出不去。』二奶奶說：『大老遠的，難為她扛了那些重東西來，晚了就住一夜明兒再回去。』這可不是投上二奶奶的緣了。這也罷了，偏偏老太太又聽見了，問劉姥姥是誰。二奶奶便說明白了。老太太說：『我正想找個老人家說話兒，請了來我見一見。』這可不是想不到的天上緣分了。」說著，催劉姥姥下來前去。劉姥姥道：「我這鄉下人怎麼好見老太太，姑娘，你就說我回去了吧。」平兒忙道：「你快去吧，沒關係的。我們老太太最是惜老憐貧的，不是一般作威作福的那種人，你別怕，我和周大娘送你去。」說著，同周瑞家的引了劉姥姥往賈母這邊來。

平兒等來至賈母房中，那時大觀園中姊妹們都在賈母面前。劉姥姥進去，只見滿屋裡珠圍翠繞，花枝招展，並不知都是何人。只見一張床上斜躺著一位老婆婆，身後坐著一個美人丫鬟在那裡捶腿，鳳姐兒站著正說笑。劉姥姥便知是賈母了，忙上來陪著笑，行了禮，口裡說：「請老壽星安。」賈母回禮，又命周瑞家的端過椅子來坐著。那板兒仍是怯場，不敢問候呆站在一旁。賈母說：「老親家，你今年多大年紀了？」劉姥姥忙起身回答：「我今年七十五了。」賈母向大家說：「這麼大年紀了，還這麼健朗。比我大好幾歲呢！我要活到這麼大年紀，還不知道動不動得呢。」劉姥姥笑說：「我們生來是受苦的人，老太太生來是享福的。若我們也這樣，那些莊家活也沒人做了。」賈母又笑說：「我才聽見鳳姐兒說，你帶了好些瓜菜來，叫他快收拾去了，我正想個地裡現擷的瓜兒菜兒吃。外頭買的，不像你們田地裡的好吃。」劉姥姥笑道：「這是野玩意兒，不過吃個新鮮。哪像我們想買魚肉吃，只是吃不起。」賈母又說：「今兒既認著了親，別雙手空空的就回去。你若是不嫌棄我這裡，就住一兩天再回去．我們也有個園子，園子裡頭也有果子，你明日也嚐嚐，帶些回家，你也算看一趟親戚。」鳳姐兒也在一旁請劉姥姥講些鄉野奇聞給老太太聽，又給板兒一些果子，讓他拿著到外面玩去。又請劉姥姥洗了澡，換身衣服。那劉姥姥雖是個村野人，卻生來的有些見識，況且年紀老了，也見識過些場面，見頭一個賈母高興，第二見這些哥兒姐兒們都愛聽，所以就算沒東西說也編出些話來講。哄得大家高興極了。分別睡去。鳳姐也幫劉姥姥安排了間客房睡下。

第二天一早，天氣晴朗，因昨夜決定在園中用早餐，所以大奶奶李紈一大早就起床，看著老婆子丫頭們掃那些落葉，並擦抹桌椅，預備茶酒器皿。只見豐兒帶了劉姥姥、板兒進來，豐兒拿了幾把大小鑰匙，說道：「我們奶奶說了，外頭的高几恐不夠用，不如開了樓把那收著的拿下來用一天罷。奶奶原本該親自來的，不過正和老太太說話呢，麻煩請大奶奶開了門，帶著人搬吧。」李紈站在大觀樓下往上看，令人上去搬了二十多張下來。又回頭向劉姥姥笑說：「姥姥，你也上去瞧瞧。」劉姥姥聽說，便拉了板兒登梯上去。進到裡面，只見堆著一些圍屏、桌椅、大小花燈之類，雖不大認得，只見五彩炫耀，各有奇妙，念了幾聲佛，便下來了。李紈又讓大家把舡上划子、篙槳、遮陽幔子都搬了下來預備著，令小廝傳駕娘們到舡塢裡撐出兩隻船來。只見賈母已帶了一群人進來了。李紈捧過一個翡翠盤子，裡面盛著各色的折枝菊花，賈母便揀了一朵大紅的簪上，回頭看見了劉姥姥，叫她過來戴花兒。鳳姐將一盤子花橫三豎四的插了劉姥姥一頭。賈母和眾人笑個不停。

說笑之間，已來至沁芳亭子上。丫鬟們抱了一床大錦被，鋪在欄杆榻板上。賈母倚柱坐下，叫劉姥姥也坐在旁邊，問她：「你覺得這園子好不好？」劉姥姥念佛說道：「我們鄉下人到了過年時，都上城來買畫兒貼。有空閒時，大家都說，要是能到畫兒上去逛逛就好了。想著那個畫兒也不過是假的，那裡有這個地方呢。誰知我今兒進這園一瞧，竟比那畫兒還強十倍，怎麼得有人也照著這個園子畫一張，我回家去，給他們見見，開開眼界。」

賈母聽說，便指著惜春笑道：「你瞧我這個小孫女兒，他就會畫。等明兒叫他畫一張如何？」劉姥姥聽了，高興得跑過來，拉著惜春說道：「我的姑娘，你這麼年輕，又長得這麼漂亮，還有這個才能，應該是神仙下凡的吧。」

遠遠望見池中一群人在那裡撐舡。賈母道：「他們既預備下船，咱們就坐。」一面說著，便向紫菱洲蓼溆一帶走來。鳳姐問王夫人早飯在那裡擺。賈母聽說，便回頭說：「你三妹妹那裡就好。你就帶了人擺去，我們從這裡坐了舡去。」鳳姐便回身同了探春、李紈、鴛鴦、琥珀帶著端飯的人等，抄著近路到了秋爽齋，就在曉翠堂上擺上餐點。鴛鴦笑道：「老爺們在外面喝酒時都會有一個負責被大家取笑的人，叫篾片相公。我們今兒也得了一個女篾片了。」鳳姐兒知道說的是劉姥姥，也笑說：「咱們今兒就拿他取個笑兒。」正說著，只見賈母等來了，各自隨便坐下。先叫丫鬟端過兩盤茶來給大家解渴。鳳姐手裡拿著西洋布手巾，裹著一把烏木三鑲銀箸，按座位擺下。賈母要求和劉姥姥一起坐。鳳姐一面遞眼色與鴛鴦，鴛鴦便拉了劉姥姥出去，悄悄的囑咐了劉姥姥一席話，又說：「這是我們家的規矩，若錯了我們就笑話呢。」那劉姥姥坐下，拿起筷子來，沉甸甸的不順手。這是鳳姐和鴛鴦故意拿一雙老年四楞象牙鑲金的筷子給她用。劉姥姥見了，說道：「這叉爬子比俺那裡鐵鍁還重，但是又沒這麼有用。」說的眾人都笑起來。

鳳姐兒揀了一碗鴿子蛋放在劉姥姥桌上。賈母這邊說聲「請」，劉姥姥便站起身來，高聲說道：「老劉，老劉，食量大似牛，吃一個老母豬不抬頭。」自己卻鼓著腮不語。眾人先是發怔，後來一聽，噴了茶的，倒了湯的，噎了飯的，笑到肚疼的，上上下下亂成一團。惟獨鳳姐、鴛鴦二人撐著，還一直請劉姥姥用菜。劉姥姥拿起筷子來，只覺得不好用，又說道：「這裡的雞兒也英俊，下的這蛋也小巧，怪可愛的。我拿一個吃吃。」大家聽了又笑了。鳳姐兒笑說：「一兩銀子一個呢，你快嘗嘗吧，那冷了就不好吃了。」劉姥姥便伸筷子要夾，又夾不起來，好不容易夾起一個來，才伸著脖子要吃，偏又滑下來滾在地下，忙放下筷子要親自去撿，早有人撿了出去了。劉姥姥歎道：「一兩銀子，也沒聽見響聲兒就沒了。」所有人已經沒心情吃飯，都看著他笑。賈母笑罵：「是哪個拿這雙筷子出來，還不給劉親家換上！」劉姥姥道：「去了金的，又是銀的，到底不及俺們那個順手。」鳳姐兒道：「菜裡若有毒，這銀子下去了就試得出來。」劉姥姥道：「這個菜裡若有毒，俺們那菜都成了砒霜了。那怕毒死了也要吃盡了。」賈母見他如此有趣，吃的又香甜，把自己的也端過來與他吃，又命一個老嬤嬤來，將各樣的菜給板兒夾在碗上。

吃完飯後，又坐船繼續賞玩，到薛寶釵屋裡坐了會兒，又坐船到綴錦閣，鳳姐兒已帶著人擺設整齊，上面左右兩張榻，榻上都鋪著錦緞蓉簟，每一榻前有兩張雕漆几，也有海棠式的，也有梅花式的，也有荷葉式的，也有葵花式的，也有方的，也有圓的，其式不一。一個上面放著爐瓶，一分攢盒，一個上面空設著，預備放人所喜食物。攢盒式樣，亦隨几之式樣。每人一把烏銀洋鏨自斟壺，一個十錦琺瑯杯。賈母提議吃酒要行酒令才有意思，大家都贊同，劉姥姥想退場卻被拉住了，酒令行了幾回，鳳姐和鴛鴦都故意說錯，該輪到劉姥姥了。鴛鴦笑說：「左邊『四四』是個人。」劉姥姥聽了，想了半天，說：「是個莊稼人吧。」眾人大笑。鴛鴦說：「中間『三四』綠配紅。」劉姥姥道：「大火燒了毛毛蟲。」鴛鴦說：「右邊『麼四』真好看。」劉姥姥說：「一個蘿蔔一口蒜。」眾人又笑了。鴛鴦笑說：「湊成便是一枝花。」劉姥姥兩隻手比著，說道：「花兒落了結個大倭瓜。」眾人大笑起來。

錦囊妙計

知己知彼

一、你覺得賈府中的人是如何看待劉姥姥？劉姥姥又是如何看待賈府中人？

二、為何劉姥姥被捉弄卻不會生氣？鳳姐他們為何要捉弄劉姥姥？

三、請你找出賈府的生活用品，想想在這一天總共用了多少東西，可能有多少個僕人在準備或隨侍。

隆中對策

一、請問你覺得過賈府這種生活，一天得要用多少錢才夠？一個月要花多少錢？一年要花多少錢？你覺得賈府的生活是節儉勤懇還是奢侈浪費？

二、你覺得鳳姐為人如何？賈府中真正掌權的是誰？

畫中有話

妙筆生花

請你寫下你對賈府這種「大戶人家」生活的看法。

南柯太守傳

取材自唐・李公佐《太平廣記》卷四百七十五〈昆蟲三〉

請聽我說

你睡覺的時候有沒有做過夢？你都夢到了什麼？出去玩？被責罵？在考試？有沒有做過比較奇怪或是比較長的夢？或是做過的夢突然在現實中實現的預知夢？夢的產生是因為我們的身體在休息時，大腦卻沒休息，平常屬於自己能控制的意識去休息了，所以潛在的意識便出來接管，把之前的所見所聞，或是零散的想法與畫面拼湊起來，這就是夢了。所以夢通常沒有邏輯，有邏輯的夢常常是「日有所思，夜有所夢。」請你看看淳于棼所做的這個怪夢吧！

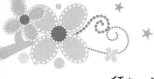

故事內容

唐朝時，東平地方有個人叫作淳于棼，他喜歡和朋友一起出去玩，他很講義氣、愛喝酒、做事不拘小節。他非常有錢，養了一些豪傑之士。他曾經靠武藝被任用為淮南軍隊的副將，但是卻因為酒醉後亂說話得罪了主帥，被撤銷官職。他的家住在廣陵郡東十里，居住的宅南有一株大古槐樹，枝幹長而濃密，覆蓋了幾畝地，淳于棼天天和朋友在樹蔭下痛快的喝酒。

唐朝貞元七年七月九日，他喝得爛醉如泥，當時有兩個朋友從酒桌上把他送回家去，躺在東邊的房間裡。兩個朋友對他說：「你就睡一會兒吧，我們兩個人餵餵馬洗洗腳，等你的酒醒後再走。」淳于棼解下頭巾枕上枕頭，昏昏沉沉，恍恍惚惚，彷彿像夢一樣，看見兩個穿紫衣的使者，對著他行跪拜之禮說：「槐安國王派我們邀請你。」他們將淳于棼扶上車，出了大門，一直向古槐樹的一個洞穴走去。使者隨即趕著車進入洞穴裡，淳于棼心裡很奇怪，也不敢發問。忽然看見山川風物、草木道路，和人世間很不一樣。淳于棼身邊跟隨的人，很大聲的叫著：「迴避！迴避！」行人也急忙向道路兩側躲避。又走入一個大城，紅色的大門，重疊的樓閣，樓上有金色題寫的字，叫「大槐安國」。見到右丞相說：「我們的國君，不因為我國遙遠偏僻，把你迎來，結為婚姻親家。」淳于棼說：「我只是個平民百姓，怎麼敢和皇家結親呢？」右丞相於是請淳于棼一同去皇上那裡。

淳于棼有個一起喝酒的朋友叫周弁的，也在人群中。淳于棼心裡很高興，卻不敢上前問話。國王說：「先前遵照令尊的命令，不嫌棄我們是個小國，允許讓我的二女兒瑤芳嫁給你。」淳于棼只是趴在地上，不敢回話。國王說：「你暫且到賓館去，過後再舉行儀式。」這天晚上，結婚用的禮物，又氣派又排場。跳舞彈唱，酒席燈燭，車馬禮物等等，沒有不備足的。又有三個人，穿戴得很神氣，走上前對淳于棼行禮說：「我們是遵照命令做駙馬儐相的。」其中一個人與淳于棼是老朋友，淳于棼指著他說：「你不是馮翊的田子華嗎？」田子華說：「是的。」淳于棼走上前，握著他的手談過去的事談了很久。不久傳來聲音說：「駙馬可以進來了。」三個男儐相解下武器衣帽更換了新衣服，田子華說：「想不到今天能親眼看到這麼盛大的婚禮，日後不要忘記我。」成親之後，淳于棼和公主感情一天天的融洽，地位也漸漸的崇高，他所使用的車馬衣服、遊玩宴會跟隨的賓客和侍從數量，僅次於國王。

秋天到了，國王帶大臣和淳于棼到大槐安國西面的靈龜山上打獵，他們捕獵了很多動物，一直到晚上才回去。淳于棼向國王說：「我的父親原先是駐守邊疆的將軍，因為打敗仗，被捉到匈奴國去已經十七八年了。大王既然知道我父親的下落，請讓我去拜見他。」國王立刻對他說：「親家翁的職責是守衛北方的國土，我和他通過書信互相問候，從未斷絕，你只要寫封信告訴他你的情況就可以了，不用親自去。」淳于棼於是讓妻子準備禮品，派專人送去，幾天後收到回信。父親說自己過得很好，叫淳于棼不要擔心，父子要等到丁丑年，才能相見。淳于棼捧著信，悲傷的哭泣。

過了幾天，國王對淳于棼說：「我的南柯郡政事治理得不好，太守被我免職了，我想要你擔任太守，就和瑤芳一起去吧。」淳于棼恭敬的接受了國王的命令。淳于棼向國王說：「我是將軍家的沒出息的後代，平時也沒有才藝和策略，擔當重任，自己也覺得自卑，我想尋求有才能的人來幫助我。我看司隸周弁具有輔佐政事的能力。處士田子華十分瞭解政治教化的本源。請大王任命周弁為南柯郡的司憲，任命田子華為司農，我也許可以做出優異的政績，使國家的法度章程有條不紊。」國王全都依照他上表說的辦。

淳于棼一到任，就視察風俗民情，治療人民的疾病，政事交給周弁和田子華處理，郡中治理得井井有條。自從他到南柯郡以來二十多年，政治教化推行得十分普遍，百姓們用歌謠歌誦他，為他豎立了歌頌功德的石碑，在他生前就為他建了祠堂。國王很看重他，賞賜給他封地和爵位，又封為宰相。周弁和田子華也全都因為政事處理得井井有條而聞名，也接連被提升到更高的職位上。淳于棼有五個兒子二個女兒，兒子因父母的地位而做官，女兒也嫁給了王族，他家的門第榮耀顯赫，一時達到了極繁盛的地步，當代沒有誰能比得上。

這一年，有個檀蘿國，來侵犯南柯郡，國王讓淳于棼訓練將官和軍隊去征伐檀蘿國，於是上表推薦讓周弁率領軍隊三萬人，在瑤臺城一帶與敵人戰鬥。周弁輕率的進兵，結果吃了大敗仗。淳于棼便囚禁周弁向皇上請求處罰，國王全都赦免了他們。這個月，司憲周弁背上疽病發作死了。淳于棼的妻子也得了病，十多天也死了。淳于棼接著請求免去自己的太守職務，護送公主的靈柩回都城去，國王答應了他，就讓司農田子華代理南柯太守的職務。

淳于棼與滿朝文武都相處得很好，國王心裡有些猜疑懼怕他。這時有人上表說：「天象表現出譴責的徵象，國家將有大災禍，首都要搬遷，宗廟要崩壞，這災禍將由外姓人引起，禍患將由內部發生。」淳于棼因國王的怨恨和疏遠，心裡煩悶不快樂。國王也瞭解，因而對淳于棼說：「你離家已經很久了，可以暫時回家鄉去，看望一下親戚。幾個外孫留在這裡，你也不要掛念他們，三年以後，我會讓他們去迎接你回來。」淳于棼說：「這裡就是我的家，怎麼還要回家呢？」國王笑著說：「你本來在人世間，家不在這裡。」淳于棼此時又看見那兩個紫衣使者跟從著，不一會兒走出一個洞穴，兩個使者領著淳于棼下車，進入他家的大門，登上自己家的臺階，看見自己的身體躺在東屋的房間裡，淳于棼很吃驚、害怕，不敢近前去，兩個使者於是大聲呼叫淳于棼的姓名，叫了好幾遍。淳于棼突然醒來，看見家裡的僮僕，正拿著掃帚在庭前掃地，兩個客人坐在床榻上洗腳，斜射的陽光還未從西牆上消失，東窗下沒有喝完的酒還在那裡。夢中一會兒的時間，像是活了一輩子。淳于棼感慨思念歎氣不已，就叫來兩個客人把夢中的事說給他們聽了。他們也是又驚又怕，於是與淳于棼一起出去，尋找槐樹下的洞穴。淳于棼指著說：「這個就是我在夢中進去的地方。」兩個客人以為是狐狸精和樹妖做的怪，就讓僕人拿來斧頭，砍斷樹根，又砍去後來重生的樹枝。

樹幹已經中空了，裡面有個大洞穴，根部空空洞洞的看得清清楚楚，能容下一張床，上面有堆積的土，做成城郭臺殿的樣子。好幾斛螞蟻，隱藏聚集在裡面，中間有個小臺，是紅色的，兩隻大螞蟻住在那裡，白色的翅膀，紅色的頭，長大約三寸，周圍有幾十隻大螞蟻保護著他，其他螞蟻不敢靠近。這就是他們的國王，這裡也就是槐安國的國都。又挖掘了一個洞穴，直上南面的槐樹枝大約四丈，曲折宛轉，中間呈方形，也有用土堆成的城牆和小樓，一群螞蟻也住在裡面，這裡就是淳于棼鎮守的南柯郡。又一個洞穴，向西去二丈遠，洞穴寬廣空曠，土洞的形狀很不一樣，中間有一個腐爛了的烏龜殼，像斗那麼大，在積雨的浸潤下，長滿了一叢叢小草，小草長得很茂盛，遮蔽著古舊的烏龜殼，這裡就是淳于棼打獵的靈龜山。又挖出一個洞穴，向東去一丈多，古老的樹根盤旋彎曲著，像龍蛇一樣，中間一個小土堆，高一尺多，這就是淳于棼埋葬妻子的盤龍岡上的墳墓。淳于棼回想起夢中的事情，心裡十分感歎，親自觀看追尋跡象，和夢中全都符合。他不想讓兩個客人毀壞它們，讓僕人掩埋堵塞像原來一樣。

這天晚上，突然有大風雨，早晨起來去看那洞穴，所有螞蟻都失去蹤跡，不知去了哪裡。所以先前說國家將要有大災難，都城要遷移，這就驗證了。又想起檀蘿國侵略的事，就請兩個客人到外面去尋訪蹤跡，住宅東面一里，有條古老的乾涸了的山澗，山澗邊上有一株大檀樹，藤和蘿糾纏交織，向上看不見太陽，旁邊有個小洞穴，也有一群螞蟻隱藏聚居在裡面，檀蘿國，不就是這裡嗎？唉，螞蟻的神奇，尚且不能考究明白，更何況藏伏在山林之中那些大動物的變化呢？

當時，淳于棼的朋友周弁和田子華，都居住在六合縣，不和淳于棼來往已經十天了。淳于棼急忙派僕人去問候他們，才知周弁得了重病已經去世了，田子華也得病躺在床上。淳于棼十分感慨，從此不喝酒也不接近女人。三年以後，是丁丑年，也在家裡死去，當時年齡是四十七歲，符合從前約定的期限。

錦囊妙計

知己知彼

一、請問淳于棼的個性如何？

二、請問淳于棼的夢是實現了什麼樣的願望？

三、請問淳于棼為什麼回來後不喝酒也不碰女人？

隆中對策

一、娶到公主、做大官、被眾人尊崇，感覺真的很好，但是，在故事中淳于棼為了得到這些，付出了什麼？

二、請問「唉，螞蟻的神奇，尚且不能考究明白，更何況藏伏在山林之中那些大動物的變化呢？」這句話的意義。

畫中有話

哈！
真是太幸福了～
哈！哈！
哈！哈…
碰！
原來都是一場夢啊！

妙筆生花

請整理出這篇故事的敘事順序

1. 唐朝一位名叫淳于棼的人，個性任俠仗義，家中有錢，常和朋友一同喝酒。↓

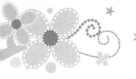

10. 9. 8. 7. 6. 5. 4. 3. 2.

↓ ↓ ↓ ↓ ↓ ↓ ↓ ↓ ↓

我的筆記

大重點・小整理

	種瓜得瓜	善解疙瘩
篇名	種瓜得瓜 取材自《戰國策》	善解疙瘩 取材自《列子》
導讀重點	努力就會有收穫	仔細觀察突破困境
閱讀提問	1.為什麼管燕會說：「沒想到找到一群人來當部下很容易，但是要部下對我忠心卻這麼難！」？ 2.你覺得管燕為什麼想要帶部下走？ 3.如果你是管燕的部下，你會不會跟他走？為什麼？ 1.請你想一想，管燕平常對待部下好不好？田需用哪些項目來說明？請你先找出來，並且用表格整理。 2.想一想，台語俗諺「種瓠仔生菜瓜」和種瓜得瓜的意思一不一樣？	1.小朋友，請你查一查字典，看看「疙瘩」是什麼意思？ 2.你覺得為什麼很多工匠和聰明人都解不開疙瘩？ 3.你覺得為什麼魯國人會說倪說的弟子比他有智慧？ 1.想一想，這個魯國人為什麼要送來兩個疙瘩，卻讓其中一個解不開呢？ 2.倪說的弟子為什麼光用看的就發現那是大家都沒發現的死結？他是憑什麼下判斷？ 3.這位魯國人送疙瘩給國君的目的是什麼？
閱讀層次	正向分析	正向分析
寫作練習	照樣造句 ◎例句：找到一群人來當部下很容易，但是要部下對我忠心卻這麼難！ 1.找（ ）容易，但要（ ）對我（ ）很難！ 2.找（ ），但要（ ）很難！	照樣造句 ◎例句：倪說的弟子沒有親眼見我編製這個疙瘩，卻能看出它是個無法解開的死結，說明他的智慧是遠遠超過我的。 （ ）沒有（ ），卻能（ ），說明（ ）是遠遠超過我的。 ◎例句：凡是聰明的人、有技巧的人，都來解這兩個疙瘩，解開的重重有賞！ 凡是（ ）的人、有（ ）的人，都來（ ），（ ）的（ ）！
寫作層次	能練習轉折句	能複習轉折句、練習條件句

篇名	瞎子的祕方 取材自中國寓言故事	士別三日 取材自《三國志》
導讀重點	持續不斷的練習	堅持毅力
閱讀提問	1. 為什麼小瞎子知道祕方後，淚水一滴一滴落在紙上，接著他卻笑了？ 2. 你認為老瞎子為什麼要給小瞎子這個祕方？ 3. 請問你覺得老瞎子死了以後，小瞎子是如何過日子呢？ 1. 「重見光明」這四個字對瞎子來說是多大的誘惑，你能了解嗎？想一想，有什麼東西對你的誘惑也是這麼強烈？ 2. 這祕方寫的究竟是什麼？從故事中哪裡可以找到答案？	1. 「阿蒙」，這兩個字在三國時代是什麼意思？從文中哪裡可以知道？ 2. 故事中用簡單的話語描述了「士別三日，刮目相看」和「吳下阿蒙」這些成語的意思，找找看，在哪裡？ 3. 呂蒙從不認識幾個字的人，變成很有學問的人，請問他是用什麼方法？你有沒有和他一樣呢？ 1. 請從「我怎麼可以被人看不起呢？」、「一邊看，還一邊做筆記，看不懂的，就虛心請教別人。」來看呂蒙的個性。 2. 請問呂蒙之所以會成為一代名將的原因。
閱讀層次	正向分析	正向分析
寫作練習	照樣造句 ◎例句：當他彈斷第一千根琴弦的時候，已經變成一位老人。 當（　）的時候，已經變成（　）。 ◎例句：他聽到鄰居告訴他那是一張白紙後，淚水一滴一滴落在紙上，接著他卻笑了。 他（　）到（　）後，（　），接著卻（　）。	請利用成語造句 ◎士別三日，刮目相看： ◎吳下阿蒙：
寫作層次	複習條件句	語詞理解與應用

篇名	亡羊補牢 取材自《戰國策》	一曝十寒 取材自《孟子》
導讀重點	就算犯錯及時補救還來得及	不持續努力就沒用
閱讀提問	1. 你覺得楚襄王之前為什麼不相信莊辛的話？ 2. 為什麼楚襄王和州侯、夏侯、鄢陵君和壽亘君四個人一起就會讓國家陷入危機？ 3. 莊辛為什麼要跑到趙國去住？ 1. 你覺得楚襄王是個什麼樣的君王？ 2. 莊辛對楚襄王講故事的用意是什麼？兔子、羊；獵犬、羊圈；獵人、牧羊人各代表什麼？	1. 請找出故事中有關齊王個性的描寫。 2. 請問你覺得孟子為什麼會對齊王生氣？ 3. 你覺得孟子對齊王講這兩個故事的目的是什麼？你覺得齊王聽得懂嗎？ 4. 在孟子講的第二個故事中，你是屬於哪一種學生呢？ 1. 請問齊王聽孟子講話聽到呆住了，到底是聽懂了沒有？為什麼？ 2. 「一曝十寒」的意思是什麼？ 3. 下棋的例子要傳達的主題是什麼？
閱讀層次	正向分析	負向思維
寫作練習	請問如果你是楚襄王，你的國家已經被人佔領，你要怎麼做才能讓國家強大、收復失土。請寫出最重要的五點工作。 1. 2. 3. 4. 5.	**照樣造句** ◎例句：齊王喜歡聽別人講好話，不喜歡被批評。 （　）喜歡（　），不喜歡（　）。 ◎例句：即使我開導大王成功，可是我一離開，那些奸臣又來哄騙大王，而大王就忘了當初的勸告。 即使（　），可是（　），而（　）就忘了（　）。
寫作層次	針對主題進行思考與選材	練習並列句

	愚人買鞋	泥偶與木偶
篇名	愚人買鞋 取材自《列子》	泥偶與木偶 取材自《戰國策》
導讀重點	墨守成規不知變通，本末倒置	嫉妒，眼光淺短不見遠果
閱讀提問	1. 請你將文章中有關時間的詞用色筆圈起來，看看這個故事中總共用了多少時間詞。 2. 你覺得這個人為什麼相信自己畫的尺寸，卻不相信自己的腳？ 3. 小朋友，請你想一想，自己做什麼事的時候會像這個人一樣？ 1. 題目叫「愚人買鞋」，你覺得「愚」在哪裡？ 2. 是尺寸為根本，還是腳為根本？在生活中，哪些時候會發生這種本末倒置的情形？要如何解決？ 3. 如果一個人只是模仿，卻不懂得思考，會發生什麼事？	1. 小朋友請你將泥偶與木偶講的話做一番整理，看看淹水對他們的影響。 2. 請問你覺得木偶對泥偶的心態是尊敬他，還是看不起他？為什麼？ 3. 請問你有沒有像木偶一樣嫉妒過，還是像泥偶一樣被嫉妒呢？碰到這種情況，你是怎麼處理的？ 1. 詛咒他人這種事情對嗎？我們要怎麼樣才能羨慕和欣賞他人、而非嫉妒他人？ 2. 如果你是神，你聽到了泥偶與木偶的對話，你想對他們說什麼，才能化解木偶的心結？
閱讀層次	負向思維	負向思維
寫作練習	**照樣造句** ◎例句：在市集中，他找呀找，找到賣鞋的，又在一堆鞋中找呀找，找到一雙他十分喜歡的鞋子。 在（　），他找呀找，找到（　），又在（　）中找呀找，找到（　）。 **請將例句縮短** （　）	到了八月，真的下了大雨，淄水也暴漲了。請寫下泥偶與木偶的結局。
寫作層次	能練習連貫句子，能抓出句子的重點，進行縮寫。	根據材料、主旨進行寫作。

篇名	五十步笑百步 取材自《孟子》	楊布打狗 取材自《列子》
導讀重點	未解決真正的問題等於失敗	要依時審度情勢，勿錯怪他人
閱讀提問	1. 請整理出梁惠王在國內所做的事。 2. 請問如果你是梁國人，你覺得這個國君如何？你會不會想搬走？ 3. 請問你覺得孟子故事中的士兵所做的事好不好笑？為什麼？你有沒有看過或做過類似的事情？ 1. 請你想一想，你有沒有當過跑五十步的士兵，這樣算不算犯錯？你有沒有當過跑一百步的士兵？你有沒有認錯？對於跑五十步士兵的譏笑，你心裡有什麼感覺？ 2. 請你想一想，梁惠王為了打仗，做了很多讓人生活不舒服的事，就算在天災時有救助百姓，這樣可以改變百姓的想法嗎？這樣的做法值得學習嗎？	請問你覺得楊布為什麼想打狗？如果換成是你，會不會打狗？為什麼？ 2. 你覺得楊布的哥哥楊朱講的話有沒有道理？在生活中有沒有看過或發生過類似楊布打狗的情形？ 3. 你覺得楊布的個性如何？ 1. 你覺得楊布打狗這個故事有沒有可能發生？狗的嗅覺相當靈敏，就算視力很差，也應該聞得出主人的味道，而不會誤判才對。如果狗真的叫了，會是什麼原因呢？ 2. 請找出楊布打狗這個故事的主旨。
閱讀層次	負向思維	仔細觀察與思維
寫作練習	**請將例句加長** ◎例句：打敗的一方，丟了頭盔，卸下戰甲，拖著刀槍，趕緊逃命。 打敗的（　），（　），趕緊逃命。 **請將例句縮短** ◎例句：要擴大國土就必須侵略其他國家，就要打仗。打仗需要大量的金錢，所以他又想了很多辦法來聚斂財富，打仗還需要士兵，所以他就強迫國內十五歲以上的男生一定要去當兵，不然就是違法。 要擴大國土就要（　），要打仗就需要有（　）。	如果楊布沒有和哥哥住在一起，這狗衝出來對他吠叫，之後會發生什麼事？請小朋友想一想，並寫下可能的結局。
寫作層次	能抓出句子的重點，進行擴寫和縮寫。	根據材料、主旨進行寫作。

篇名	導讀重點	閱讀提問	閱讀層次	寫作練習	寫作層次
鬼最易畫 取材自《戰國策》	有形者難掌，無形者易生。凡事要有憑據。	1. 小朋友，你覺得為什麼齊王在當模特兒時會無聊，想找畫家聊天？為什麼畫家不太敢回答？是真的不敢，還是有其他原因？ 2. 除了齊王和畫家講的原因之外，還有什麼原因會讓人覺得狗和馬很難畫？ 3. 畫家說鬼最好畫，你同不同意？你覺得什麼最好畫，什麼最難畫？ 1. 為什麼齊王在聽完畫家的話後會哈哈大笑，還賞賜他銀子？ 2. 如果把這個故事的主旨，放到求學、做人上來看，是在說什麼道理呢？	仔細觀察與思維	小朋友，請你畫下你所創造的一隻鬼，並為他取個名字，寫段自我介紹吧！	能針對主題進行創作
三人成虎 取材自《戰國策》	謠言止於智者	1. 如果是你，我們說大街上出現老虎在逛街，你會不會相信？如果真的有老虎出現，你覺得有哪些原因？ 2. 你覺得魏王聰不聰明？為什麼龐蔥會不放心，要對魏王說這個故事？ 3. 你覺得後來魏王還是沒有重用龐蔥的原因是什麼？ 1. 要是有好幾個人跟你說一個不太可能發生的事情，你會不會相信？要怎麼樣才能知道事情的真假？ 2. 想一想，騙人的人的目的是什麼？我們要怎麼樣才不會被騙？	仔細觀察與思維	請你模仿三人成虎的故事寫法，寫出一個故事，當中要有同樣一件事連續發生三次。題目請從這五個中自選。「狼與羊」、「小豬蓋房子」、「小狗去旅行」、「迷路的小貓」、「貪心的小熊」。	能針對主題進行選材與創作

	哪吒大鬧水晶宮	美猴王大鬧天宮
篇名	哪吒大鬧水晶宮 取材自《封神演義》	美猴王大鬧天宮 取材自《西遊記》
導讀重點	犯錯後的負責	犯錯後的不負責
閱讀提問	1. 你覺得哪吒做的事情對不對？為什麼？ 2. 你覺得李良問話的方式好不好？敖丙、敖光的問話方式呢？ 3. 你覺得哪吒的本性如何？做錯事後是如何面對、處理？ 1. 因為哪吒長得很高，但是實際上卻只有七歲，敖光一群人有沒有可能誤判哪吒的年紀而做出太高的要求，哪吒聽不懂所以才引發事件？ 2. 溝通時遇到障礙，我們該如何解決，才不會讓後果難以收拾？ 3. 你覺得李靖夫婦對哪吒的管教有沒有什麼問題？	1. 你覺得美猴王的個性如何？ 2. 美猴王和哪吒同樣都是鬧，兩個人在面對事情的處理上有何不同？ 3. 太白金星說：「凡事以和為貴」，所以放了美猴王一馬，反而闖下更大的禍端。你覺得當初該怎麼處理比較好？ 1. 美猴王為天地靈氣所化，本就無父無母，拜師學藝時又受人排擠，也沒學到什麼做人處世的道理。到花果山稱王日久，根本就已經忘了如何與人相處，只知隨心所欲，在這樣的情況下，你覺得天庭的處理方式對嗎？ 2. 你覺得美猴王要的只是齊天大聖的名號，還是別的？
閱讀層次	仔細觀察與思維	對比
寫作練習	**請將下列語詞填入（　）中** A一人做事一人當，B不亦樂乎，C不知輕重，D氣沖沖，E滅門之禍 他玩得（　），完全不知道已經闖下（　）。等到回到家時，對方（　）的上門理論，被父親大罵真是（　）。他認為（　），所以他也誠懇的認錯，終於取得對方的諒解。	**請將下列語詞填入（　）中** A心滿意足，B微不足道，C雕梁畫棟，D狼狽，E擒拿 天庭派人（　）美猴王不成，（　）逃回天庭稟告玉帝。玉帝大怒，太白金星獻策，不如改用招降，給他個最（　）的官做做。美猴王不知原因，就答應了，看著天庭中的（　），他（　）的笑了出來。
寫作層次	能了解語詞的意義並正確使用	能了解語詞的意義並正確使用

篇名	女媧造人補天 取材自《淮南子》	孫叔敖打死兩頭蛇 取材自《論衡》
導讀重點	人飢己飢，人溺己溺	己所不欲勿施於人
閱讀提問	1. 你覺得女媧為什麼要創造禽獸？ 2. 為什麼女媧還要再仿照神的形象創造人類？ 3. 女媧為何創造完萬物後就回天上了？為何要拯救萬物、修補天地？	1. 在故事中，孫叔敖的父親未曾出現過，請問你覺得發生了什麼事？ 2. 從孫叔敖的行為來看，你覺得他是個怎麼樣的人？ 3. 如果你看到兩頭蛇，你會怎麼做？
	1. 你還知道其他創世神話嗎？像是東南地區少數民族共有的葫蘆瓜兄妹傳說，西北地區流傳的石頭蹦出來的傳說，或是由鳥獸變成的傳說。請你找一找，和女媧的故事比一比，看看有哪裡相同或不同？ 2. 請將這篇故事出現的所有神、人、物找出來，並用↓表示之間的關係，並將關係內容與事件寫在↓的旁邊。	1. 兩頭蛇只是基因突變體，古人傳說看到牠三天內就會死去的可能原因是什麼？不然兩頭蛇不就死得太無辜了！ 2. 請你想一想，在生活中有沒有遇過像這個故事中的兩難事件，你要如何判斷、抉擇？
閱讀層次	分析與歸納	分析與歸納
寫作練習	請你模仿本篇故事寫法，寫出一篇文章，要依照事件發生順序來寫。題目請從這五個中自選。「這週六」、「到……去玩」、「在學校的一天」、「學……」、「大掃除」。	請你發揮你的想像力，想一下貧窮的孫叔敖，他的一天是怎麼過的。請從早上起床到晚上上床睡覺之間照順序的寫下來。
寫作層次	能針對主題進行選材與創作	能針對主題進行選材與創作

篇名	大人國、兩面國 取材自《鏡花緣》	草船借箭 取材自《三國演義》
導讀重點	真君子假小人	審天時度人心 戰爭謀略
閱讀提問	1. 請問你覺得腳下有雲有什麼好處？如果大人國這種雲長在你身上好不好？為什麼？ 2. 你了解多九公的意思嗎？「善的給他善路走，惡的給他惡路走，自有一定道理。」是有什麼道理？ 3. 你喜歡兩面國的人嗎？為什麼？ 1. 請問「君子坦蕩蕩，小人長戚戚」這一句在講哪一個國家？ 2. 孔子說過：「巧言令色，鮮矣仁。」用這句話來看兩面國，你有什麼想法？ 3. 想一想，在生活中，你想當哪一國人？想和哪一國人做朋友？要如何要求自己呢？	1. 你覺得周瑜為什麼想除掉孔明，除了嫉妒之外，還有沒有其他的原因？ 2. 孔明的計策之所以會成功，除了魯肅的協助外，周瑜之前做的事有沒有幫助？為什麼？ 3. 孔明所說的：「身為大將如果不懂天文、地利、奇門遁甲、兵士陣圖、陰陽變化，就是個庸才。」是什麼意思？是在暗指誰？ 1. 三國時代，群雄爭霸，大家都會設法用計為自己的君王謀求最大利益，請你找出在這篇故事中用了哪些計謀？計謀的功用何在？ 2. 請問你覺得周瑜說：「孔明神機妙算，我實在比不上他！」時，他心裡在想什麼？
閱讀層次	分析與歸納	分析謀略與推論
寫作練習	如果讓你選擇，你想投胎到大人國還是兩面國？請寫下具體原因。 我想投胎到：□大人國□兩面國 因為： 1. 2. 3. 4. 5.	請你分析故事中，曹操、周瑜、魯肅、孔明這四個人心裡到底在打什麼主意，並寫下來。
寫作層次	針對主題進行思考與選材	分析素材

篇名	導讀重點	閱讀提問	閱讀層次	寫作練習	寫作層次
劉姥姥遊大觀園 取材自《紅樓夢》	大戶人家的生活情狀與鉤心鬥角	1. 你覺得賈府中的人是如何看待劉姥姥？劉姥姥又是如何看待賈府中人？ 2. 為何劉姥姥被捉弄卻不會生氣？鳳姐他們為何要捉弄劉姥姥？ 3. 請你找出賈府的生活用品，想想在這一天總共用了多少東西，可能有多少個僕人在準備或隨侍。 1. 請問你覺得過賈府這種生活，一天得要用多少錢才夠？一個月要花多少錢？一年要花多少錢？你覺得賈府的生活是節儉勤懇還是奢侈浪費？ 2. 你覺得鳳姐為人如何？賈府中真正掌權的是誰？	分析謀略與推論	請你寫下你對賈府這種「大戶人家」生活的看法。	針對主題進行創作
南柯太守傳 取材自《太平廣記》	名利繁華如雲煙	1. 請問淳于棼的個性如何？ 2. 請問淳于棼的夢是實現了什麼樣的願望？ 3. 請問淳于棼為什麼回來後不喝酒也不碰女人？ 1. 娶到公主、做大官、被眾人尊崇，感覺真的很好，但是，在故事中淳于棼為了得到這些，付出了什麼？ 2. 請問「唉，螞蟻的神奇，尚且不能考究明白，更何況藏伏在山林之中那些大動物的變化呢？」這句話的意義。	分析謀略與推論	請整理出這篇故事的敘事順序 1. 唐朝一位名叫淳于棼的人，個性任俠仗義，家中有錢，常和朋友一同喝酒。→ 2. → 3. → 4. → 5. → 6. → 7. → 8. → 9. → 10. →	理出文章邏輯

認識這本書的編著者

吳淑芳

國立台灣師範大學社會教育研究所（四十學分班）、國立台北師範學院輔導教學碩士。

現任：台北縣永和市頂溪國小校長、台北縣國民教育國語文輔導團召集人、國立台北教育大學兼任講師。

吳惠花

國立台北師範學院國民教育研究所（四十學分班）、國立台北教育大學語文教育研究所攻讀中。

現任：台北縣鄧公國民小學教師、台北縣國民教育國語文輔導團團員、教育部國民教育司中央課程與教學輔導諮詢教師、國立台北教育大學「作文師資培訓班」講師。

忻詩婷

國立新竹師範學院語文教育系、市立台北教育大學應用語言文學研究所碩士攻讀中。

現任：台北縣永和市頂溪國小教師、頂溪國小語文領域召集人，曾任北縣國民教育國語文輔導團深耕輔導員。

專門為小學生精選的中國文學經典讀本

2007年3月初版 定價：新臺幣220元
2014年11月初版第四刷

編著	吳淑芳		
	吳惠花		
	忻詩婷		
發行人	林載爵		
出版者	聯經出版事業股份有限公司	叢書主編	黃惠鈴
地址	台北市基隆路一段180號4樓		陳逸茹
台北聯經書房	台北市新生南路三段94號	漫畫	黃亦平
電話	(02)23620308		鄭光循
台中分公司	台中市北區崇德路一段198號	校對	趙蓓芬
暨門市電話	(04)22312023	封面設計	陳淑儀
郵政劃撥帳戶第0100559-3號		內文排版	陳如琪
郵撥電話	(02)23620308		
印刷者	世和印製企業有限公司		
總經銷	聯合發行股份有限公司		
發行所	新北市新店區寶橋路235巷6弄6號2F		
電話	(02)29178022		

行政院新聞局出版事業登記證局版臺業字第0130號

本書如有缺頁，破損，倒裝請寄回台北聯經書房更換。 ISBN 978-957-08-3132-0 (平裝)
聯經網址 http://www.linkingbooks.com.tw
電子信箱 e-mail:linking@udngroup.com

國家圖書館出版品預行編目資料

專門為小學生精選的中國文學經典讀本/吳淑芳、吳惠花、忻詩婷編著．黃亦平、鄭光循漫畫．初版．臺北市：聯經，2007年（民96）；168面；17×23公分．
ISBN 978-957-08-3132-0（平裝）
[2014年11月初版第四刷]

1.中國語言-讀本 2.小學教育-教學法

523.31 96003392